仙台藩家臣録

元禄補遺
付・寺社領御寄附御牒

第六巻

編著 相原陽三

東洋書院

序

仙台藩の歴史を理解するのに藩家臣の研究がきわめて重要である。藩家臣の数が諸藩随一であるということばかりではない。藩家臣の性格をどう把握するかが仙台藩研究のキーポイントになるからである。一般ばかりでなく研究者も、仙台藩は外様藩で、したがって古い藩社会体制の藩であると理解しがちである。譜代家臣ががっちり藩政を握っている藩というイメージを強く持っているようである。士族がやたらに多く、士族意識が濃厚である事情などを聞けばあるいはそのように思うのかもしれない。これまでの仙台藩研究もほとんどがそのような立場からのものが多かった。しかし、伊達政宗時代以降に登用された家臣が割りに多い。その数と質を検討しなければ仙台藩の性格などは簡単に言えない。そのためにも藩家臣の研究が当面の研究として重要なのである。

周知のごとく、仙台藩家臣の基本史料には『伊達世臣家譜』と『仙台藩家臣録』がある。この両史料集を座右に置かない者は仙台藩研究者といえないといわれてきた。ところがこの度、本書『元禄補遺仙台藩家臣録』が刊行されることになった。この『元禄補遺仙台藩家臣録』は先に刊行された『仙台藩家臣録』に取り上げられなかった家臣の系譜を元禄期に補ったものであるという。仙台藩家臣の研究に不可欠な史料集がもう一つ加わったことになる。

編者の相原陽三さんは仙台郷土研究会の重鎮で、長く仙台藩の研究に携わり、先の『仙台藩家臣録』の編集に実質的にあたられた方である。本史料を編集するのにもっともふさわしい方であることは誰しもが認めるところであろう。校正刷りを見せていただいたが申し分ない編集である。

本書は仙台藩研究はもとより、系譜調べ等の基本史料として広く利用できるであろう。一人でも多くの方に利用され、仙台藩研究が一層盛んになることを期待し、推薦の意をこめて序文とする次第である。

一九九五年七月

東北大学名誉教授　**渡辺信夫**

まえがき

この『元禄補遺 仙台藩家臣録』の原本は『御下中衆先祖書牒』（仙台市博物館所蔵）である。これは先年歴史図書社より出版された『仙台藩家臣録』の原本『御知行被下置御牒』（宮城県図書館所蔵）の続編である。この『御知行被下置御牒』（以下『御牒』と記す）六十巻は延宝四年（一六七六）十二月から同八年三月までの間に知行（土地）を有する藩士たちにその知行を拝領するに至った由来を書き出して提出させたものである。提出した武士は一貫文（一〇石）の者まで、一九三二名である。この提出に際して藩から知行侍たちに示された文書が「奥山家文書」（小野田町奥山常雄氏所蔵）の中にある。その全文は次のとおりである。

御家中衆当時御知行取之分其身代ニ被召出候衆者不及申、従先祖御知行被下成候品々可被　聞召之旨今度被　仰出候条被相尋候趣左ニ書立之候。

一誰様之御代ニ其身先祖誰を被召出、御知行何程被下置、其後　誰様之御代ニ御加増之地拝領何程之高ニ被成下由之品、野谷地・新田・切添等拝領仕進退高ニ被結下候品、且又知行分ケ抔之義何様之品を以被分下候、又ハ已前御切米御扶持方御合力等ニ而被召出　誰様之御代ニ地形ニ被直下候との義、御先代之儀ハ有増ニも書付、御当代之義者委細ニ書上可被申候事。

一御当代ニ被　召出御知行被下置候衆并御加増被成下候衆品々委細ニ書上可被申事。

一幼少ニ而苗跡相続先祖之様子一切不存知衆者其断書有増ニも仕、承伝有之衆ハ品々無遠慮書上可被申事。

右之通被　仰出候条、此趣を以従御先祖御当代迄之義面々書上可被申、仍右御役人ニ御目付衆五嶋五郎左衛門・南平兵衛・木幡作右衛門被　仰付候条、早々書立右之衆江可被指出候。已上

小梁川　修　理

十一月晦日

奥山勘解由殿

遠山次郎兵衛殿

古内左門殿忌中故か無之

『御下中衆先祖書牒』（以下「先祖書牒」と記す）は箱書によると元禄四年（一六九一）三月に柴田内蔵に命じられて、佐賀市郎左衛門と矢野伊左衛門が元禄四年五月に調えたものである。これが『御牒』の補遺であることは、例えば佐藤市之丞の項に「延宝七年八月分地被成下候条、其御砌先祖書指上可申候処ニ心付不申、延引此度如斯ニ御座候」とあり、その前後にもこれと類似の記述があることによって明らかである。この『先祖書牒』の提出の際、藩から知行侍たちに示された文書は未発見であるが、『御牒』の場合と同じであろうと推量される。この中で重要なことは「無遠慮書上可被申事」である。このことは本書を読まれることにより首肯されることであろう。この出版が仙台藩研究の一助となれば幸いである。

平成七年九月

相　原　陽　三

元禄補遺 仙台藩家臣録目次

東北大学名誉教授　渡辺　信夫

本文目次

二之牒

三之牒

四之牒

元禄補遺 仙台藩家臣録

凡例

一　本史料（写本）は全十四冊から成るが、その配列は箱書のとおりとした。

二　翻刻にあたってはできるだけ原本の体裁を保つよう留意したが、読者の便宜を図るため次のような配慮を行った。

㈠　適宜句読点と並列点を用いた。

㈡　漢字は原則として常用漢字を用いたが、固有名詞などは、旧字体としたものもある。

㈢　小性（小姓）・子共（子供）など現代の表記と異なるが頻出するものはそのままとした。

㈣　宛字・誤記・重記などはそのままとし右傍に（ママ）（カ）などと注記した。また、漢字ルビを付けたものもある。

㈤　変体仮名はおおむね楷書体に直しそのままとした。また合字ゟ（より）もそのままとした。

元禄四年五月日

御一家

1 小梁川亥之助

一　小梁川亥之助養先祖小梁川中務盛宗儀、天海様御三男之由承伝候。明応九年十月死去仕候由承伝候。嫡子小梁川尾張親朝大永六年五月死去仕候由承伝候。嫡子小梁川尾張親宗天文十五年八月死去仕候由承伝候。嫡子小梁川泥蟠盛宗文禄四年正月病死仕候。泥蟠嫡子同氏刑部宗重儀、貞山様御代御知行八拾貫文ニ而御一家並之御奉公相務申候。先祖誰代ゟ之進退高ニ御座候哉、御一家ニ被　仰付候年月御申次并継目之年月共ニ不承伝候。右御黒印者仙臺屋鋪類火之節焼失仕候。刑部儀慶長十七年十月病死仕候。刑部嫡子同苗中務宗影ニ跡式無御相違被下置候。跡式願申上候年月并被　仰渡候年月御申次共ニ不承伝候。義山様御代寛永年中惣御検地之節弐割出目江御加増被下置取合四拾貫文拝領仕、御知行百弐拾貫文之高ニ被成下候。且亦江刺郡野手崎村御境目を拝領仕於彼地在郷屋敷迄被下置候。御申次不承伝候。寛永

二十壱年八月十四日御日付之
御黒印所持仕候。右野手崎村御知行地続野谷地被下置度由、明暦弐年九月十三日其節之御郡司馬渕隼人見届障無之書出を以、同三年二月十五日津田故豊前を以被下置候。右起目御竿被相入代高拾七貫九拾四文被下置、本地取合御知行高百三拾七貫九拾四文之高ニ被成下候。年月御申次不承伝候。
御当代寛文元年十一月十六日御日付之
御黒印所持仕候。同八年極月十二日同村御知行所之内野谷地被下置度由奉願候処、願之通被下置旨、同九年二月十四日柴田外記・原田甲斐を以被　仰渡候。同十年十月右中務隠居被　仰付、跡式并御一家御座敷共ニ嫡子同苗修理ニ被下置度由、中務奉願候処、願之通被　仰付旨同月富塚内蔵允を以被　仰渡候。修理儀御奉行職被　仰付旨江戸ゟ為御使者天野孫太夫・姉歯八郎衛門被指下、同十弐年十二月四日於古内志摩宅、右両人引添志摩を以被　仰渡候。同十三年四月十九日御役料金弐百五拾両玄米四百七拾七石宛被下置由、柴田中務・古内志摩を以被　仰渡候。延宝三年五月十一日御前江被召出右御役料御知行百六拾弐貫九百六文ニ直シ被下、御知行三百貫文之高ニ被成下由御直ニ被　仰付候。右中務先年拝領仕候野谷地開発御竿被相入代高拾貫六百五拾七文之所被下置由、延宝三年十一月廿三日柴田中務・大條故監物を以被　仰渡候。右同村御知行地続切添御竿被相入、起目代高百七拾六文之所被下置旨延宝五年三月廿一日柴田中務を以被　仰渡、御知行三百拾貫八百三拾三文之高ニ被成下候。修理嫡子同苗孫左衛門延宝六年五月病死仕、家督之子共無之ニ付次男金之丞儀寛文九年関勘兵衛養子家督ニ被成下度由双方并親類共奉願候処、同十年正月如願被成下旨古内志摩を以被　仰渡候。延宝六年七月御用ニ付修理儀江戸江被召登、
御目見被　仰付候節孫左衛門病死仕候得者家督無之候、金之丞後嗣ニ願申上外有之間敷由、
御意被遊候ニ付而有難奉存候。関之家督ニ仕候者吟味仕其上可奉願上由御受仕候。其以後願指出申候処、同七年四月廿九日於江戸修理後嗣ニ金之丞被成下、関之苗跡者但木惣九郎弟松之助願之通被　仰付旨
御直々被　仰付候。修理儀御奉行職天和弐年三月十日遠山帯刀を以被相免旨被　仰渡候。因茲則在所野手崎江罷下候。同年十一月廿二日ニ大江文左衛門御使者ニ而柴田中務・遠藤内匠覚書を以修理隠居被　仰付、家督同苗金之丞ニ本御知行百四拾七貫九百弐拾七文之所被下置、御一家御座敷不相更被　仰付、御加増之地百六拾弐貫九百六文者其節被召上候。天和三年八月日与御座候
御朱印所持仕候。亥之助養父金之丞儀子共無之候而元禄三年五月病死仕候。然処亥之助儀伊達肥前宗房次男ニ御座候処、当三月十四日於
御城佐々豊前・遠山帯刀列座に而大條監物を以小梁川之家相続被　仰付、進退八拾貫文被下置候。小梁川金之丞養子不申立病死仕候ニ付跡式被相禿候得共、各別之家之儀其上亥之助肥前方江之御首尾旁ヶ様被　仰付由被　仰渡候。亥之助儀幼少ニ御座候間拙者共依親類如斯御座候。以上

元禄四年五月廿九日

山岡惣右衛門

瀬上又兵衛

元禄四年五月日

一之牒

2　真山三次郎

一　拙者先祖伊達御譜代之由承伝候得共、
御先祖誰様御代先祖誰何様之御奉公仕候哉、誰代ニ進退断絶仕候哉不承伝候。曾祖父真山八右衛門儀浪人ニ而御当地ニ罷有候処如何様之品にて被召出候哉、
貞山様御代遠藤式部・山岡志摩を以被召出御切米御扶持方被下置候由、右進退高并年月不承伝候。右八右衛門儀定御供之様成御奉公相務、文禄元年高麗御陣　御供被　仰付弐拾人手明与申内江被相入御帰陣之割（ママ）御知行十貫文被下置候由年月御申次ハ不承伝候。右御切米御扶持方ハ其節被召上候由ニ御座候。右八右衛門嫡子祖父同氏刑部儀
義山様御部屋住之節御小性組ニ被召仕、慶長十年ニ御切米四両四人御扶持方被下置候由月日御申次不承伝候。右父子面々御奉公仕候。
義山様御部屋住之内右刑部儀寛永五年ニ御知行弐拾貫文被下置御膳番役被　仰付候由月日御申次不承伝

候。寛永五年六月十二日御日付之
御黒印所持仕候。右刑部持来候御切米御扶持方右八右衛門三男刑部ニハ弟真山仲右衛門ニ相譲申度由刑部願申上候処ニ、願之通被成下之旨古内故主膳を以被　仰付候由承伝候。
義山様御代寛永十三年曾祖父八右衛門隠居被　仰付、跡式御知行高十貫文右刑部ニ被下置、刑部ニ被下来候御知行江取合三拾貫文ニ被成下候上御加増三拾貫三百四拾弐文被下置、都合六拾貫三百四拾弐文之高ニ被成下、其節江戸御出入司役被　仰付候由承伝候。月日御申次ハ不承伝候。寛永十三年霜月朔日御日付之
御黒印所持仕候。寛永十八年為御加増三拾貫文被下置、本地取合九拾貫三百四拾弐文之高ニ被成下由月日御申次ハ不承伝候。寛永二十一年為御加増五拾九貫八百七拾文被下右本地合百五拾貫二百十二文之高ニ被成下候。寛永二十一年八月十四日御日付之
御黒印所持仕候。桃生郡深谷之内和渕村・須江村・鹿又村右三箇村ニ而野谷地拝領、正保三年三月十一日右新田起目九貫六百十二文山口内記を以被下置、本地取合百五拾九貫八百弐拾四文之高ニ被成下之由承伝候。正保三年六月廿三日御日付之
御黒印所持仕候。右野谷地拝領仕候年月并町数(マヽ)御申次ハ不承伝候。慶安三年御国御出入司役被　仰付候由月日御申次不承伝候。右拝領起残之野谷地起目十三貫五拾文慶安五年ニ被下置、本地取合百七拾二貫八百七拾四文ニ被成下之旨右内記を以被　仰渡之由月日ハ不承伝候。且又着座被　仰付候年月御

申次不承伝候。慶安五年二月六日御日付之
御黒印所持仕候。其後桃生郡深谷之内和渕村・鹿又村・須江村・同郡小舟越村・宮城郡国分之内福岡村於右五箇村野谷地拝領開発之新田御竿被相入高百六拾九貫三拾文右野谷地拝領仕候。年月并町（マヽ）数御申次不承伝候。右新田之内三拾四貫六百九拾六文之所ハ刑部弟右仲右衛門ニ分ケ被下度由刑部奉願候処、
品川様御代万治三年二月十日茂庭中周防・冨塚内蔵丞を以願之通被分下置候由被　仰渡候。右新田之内三拾七貫文刑部壻守屋四郎左衛門ニ被分下度由右刑部願申上候処、願之通被分下置之旨同年三月廿日右内蔵丞を以被　仰付候。右両人ニ被分下度由願申上候年月不承伝候。残新田高九拾七貫三百三拾四文之所刑部本地取合弐百七拾貫二百八文ニ被成下之旨同年六月十日右周防・内蔵丞を以被　仰付候。
御当代寛文元年正月祖父刑部隠居被　仰付跡式着座共ニ嫡子三太夫ニ被　仰付被下置度旨於江戸ニ右刑部奉願候処、願之通刑部ニ隠居被　仰付跡式無御相違着座共ニ右三太夫ニ被　仰付之旨、同年於江戸奥山大学を以被　仰渡候由月日ハ不承伝候。其以後右三太夫名改刑部ニ被成下度旨願申上候処、願之通名改刑部ニ被　仰付候。月日御申次ハ不承伝候。寛文元年十一月十六日御日付之
御黒印所持仕候。右刑部儀寛文二年四月七日御国脇御番頭右大學を以被　仰付相務申内、右刑部儀寛文十年十二月病死仕候。嫡子拙者儀四歳ニ罷成幼少ニ候得共、右家督被　仰付於被下置ニハ幼少ニ而御奉公不仕儀恐多奉存候間、柴田外記三男正三郎拙者姉ニ御取合拙者十五歳迄御番代被　仰付、御番代年数過候ハ、御知行高弐百七拾貫二百八文之内弐百貫文ハ拙者ニ被下置、残七拾貫二百八文之所ハ

正三郎ニ被分下度旨拙者親類共并右外記寛文十一年二月十七日ニ願申上候処、願之通被　仰付之旨外記・正三郎ニハ於江戸ニ同年三月十五日原田甲斐を以被　仰渡、拙者親類共ニハ同年五月五日片倉中小十郎・冨塚内蔵丞を以被　仰渡、正三郎ニ着座共ニ被　仰付候。右御知行高之通寛文十一年五月十三日御日付之
御黒印同氏正三郎頂戴所持仕候。右正三郎儀延宝五年十月廿五日江戸御番頭役
御直ニ被　仰付、其上為
御意名改内蔵助ニ被　仰付候。拙者儀天和二年十五歳ニ罷成同氏内蔵助御番代年数相明申ニ付而、先年奉願之通御知行高弐百七拾貫二百文之内弐百貫文ハ拙者ニ被下置、七拾貫二百八文之所内蔵助ニ被分下度旨同年二月内蔵助・拙者并親類共願申上候処、願之通同年三月三日ニ柴田中務・小梁川修理・佐々伊賀列座ニ而黒木上野を以内蔵助・拙者ニ被　仰付、其上従先祖之着座迄不相替拙者ニ被　仰付候。拙者儀御番入之願同氏内蔵助同年七月奉願候処、御番所虎之間津田民部御番組ニ被相入之旨、同九月十六日遠藤内匠・佐々伊賀を以被　仰渡候。天和三年八月日与御座候。
御朱印同四年二月四日ニ奉頂戴候。元禄元年三月九日柴田内蔵を以為見習与御小性之間江被相入之旨被　仰付、同三年十月七日冨田壱岐を以御小性組被　仰付候。当二月九日本多伊賀・但木主馬を以御小性組与頭〔組〕ニ相加リ相務可申由被　仰付相勤罷有候。以上

元禄四年五月廿九日

3 真山隼人

一 拙者養父真山刑部儀寛文十年十二月病死仕候付、右刑部知行高弐百七拾貫二百八文之所、実子同苗三次郎四歳ニ罷成幼少ニ御座候得共、家督ニ被　仰付被下置度奉存候、願之通於被成下候ハ、三次郎幼少ニ而御奉公も不仕候儀恐多奉存候条、柴田外記三男拙者を三次郎姉ニ取合、三次郎十五歳迄御番代被　仰付御番代之年数明申候ハヽ、右御知行高之内弐百貫文ハ三次郎ニ被下置、残七拾貫二百八文之所拙者ニ被分下度旨、刑部親類并亡父外記寛文十一年二月十七日奉願候処、願之通被　仰付候旨、外記・拙者ニハ於江戸同年三月十五日原田甲斐を以被　仰渡、刑部・親類共ニハ同年五月五日片倉中小十郎・冨塚内蔵丞を以被仰渡候。右御知行高之通、三次郎十五歳迄拙者ニ被預置之旨同年五月十三日
御日付之
御黒印奉頂戴候。私儀御番入同年十月奉願候処ニ泉田出羽御番組虎之間江被相入候旨、同年十一月被仰渡御番相務申候。御申次失念仕候。延宝三年閏四月九日柴田中務を以脇御番頭役被　仰付候。同五年十月廿五日江戸御番頭役
御直被　仰付候。天和二年三次郎十五歳ニ罷成候付、先年奉願候通、三次郎御知行高之内弐百貫文之所ハ三次郎ニ被下置、七拾貫二百八文之所者拙者ニ被分下度旨、同年二月三次郎・拙者親類共一同ニ奉願候処、願之通被成下之旨、同年三月三日黒木上野を以被　仰渡候。天和三年八月日与御座候
御朱印同四年二月四日奉頂戴候。引続江戸御番頭役相勤候処ニ、同年八月三日御申次ニ御役替

御直ニ被　仰付候。貞享三年七月廿日江戸御番頭役被　仰付候旨、冨田壹岐を以被　仰渡候。勤仕之内病気差出申ニ付而、御役目御赦免被成下度旨、同四年十月廿六日奉願候処、願之通御赦免被成下旨同年霜月七日右壱岐を以被　仰渡候。其以後病気本復仕候付、元禄三年九月九日
御目見之願申上候処、同十月九日伺公之間於上之間
御目見被　仰付候。同年霜月御番入願申上候処、御番入之儀不入事ニ被思召候由、津田民部を以被　仰
渡候。其後詰所伺公之間於上之間
御目見等可仕由同年極月十八日右民部を以被　仰渡候。同四年正月廿二日於
御前御申次役并中嶋伊勢方脇番頭被　仰付旨、
御直被　仰出候。先祖之儀ハ同苗三次郎書上仕候。以上。
元禄四年五月廿一日

4　浅井彦五郎

一拙者儀本国参河生国武蔵ニ而御座候。久世大和守殿ゟ嶋田出雲守殿・大井新右衛門殿御憑被成寛文十二年三月被召出、御扶持方百人分被下置之旨片倉中小十郎・茂庭周防を以被　仰渡候。同年六月御取次番被　仰付之旨柴田中務を以被　仰渡候。其以後延宝四年極月廿五日
御前江被召出公義御使役

御直被　仰付候。数年首尾能相勤申候ニ付、右御扶持方御知行ニ被直下、其上御加増之地弐拾五貫文被下置、都合七拾貫文之高ニ被成下之旨柴田内蔵・大條監物・佐々豊前・冨田壱岐以奉書其節之御留守居遠山帯刀貞享五年正月十六日被　仰渡候。于今御朱印ハ不奉頂戴候。拙者儀引続右之御役目相務罷有候。以上

元禄四年五月九日

5　大條理兵衛

一　拙者亡父大條次郎兵衛儀大條薩摩三男大條甚十郎次男ニ御座候。無進退ニ而罷在候処、義山様御代寛永十八年御徒小性組ニ被召出御切米弐両御扶持方四人分被下置御番所中之間被　仰付候。誰を以被　仰渡候哉御申次ハ不承伝候。万治元年四月山口内記を以組被成下御免、同年極月品川様御代御切米三両御扶持方四人分新規ニ被下置、御番所中之間被　仰付候段奥山大学を以被　仰渡候。次郎兵衛寛文二年霜月病死仕候付跡式御番所共ニ嫡子拙者ニ被　仰付被下置度由、御当代同年極月親類共奉願候処、跡式無御相違御番所共ニ被　仰付候旨、同三年三月奥山大学を以被　仰渡候。寛文六年より御国御番相務申候。同十一年四月より大條古監物手前物書相務候付、延宝三年十月御加増被成下度由古監物願申上候処、御切米弐両御扶持方三人分御加増被下置、五両七人分ニ被成下旨、同月十四日小梁川修理を以被　仰渡候。同四年八月右修理を以御右筆被　仰付候。天和元年十

二月廿六日御加増被下置、御切米判金壱枚御扶持方十人分ニ被成下候段佐々伊賀を以被　仰渡候。貞享三年閏三月朔日御知行十五貫文被下置旨
御直ニ被　仰付、右御切米御扶持方ハ其節被召上候。元禄元年正月廿三日御右筆御免御首尾届之御用
被　仰付、御加増之地五貫文被下置、弐拾貫文ニ被成下、御次ニ馬籠五郎右衛門等並ニ相詰可申由、
御直ニ被　仰付候。同三年八月二日御首尾届之御用御免被成下御用之御取次被　仰付、御近習列ニ被
仰付御加増之地弐拾貫文被下置、四拾貫文之高ニ被成下候段御直ニ被　仰付候。于今
御朱印頂戴不仕候。先祖之儀者嫡子筋目ニ付先年同苗金八郎儀猪之助与申候節書上仕候。以上

元禄四年三月廿八日

6　白土六左衛門

一　拙者先祖岩城御家御譜代ニ而御奉公仕候。曾祖父白土伊豆儀ハ岩城親隆公江御奉公仕候。祖父同苗軍司助儀ハ岩城常隆公・同忠次郎貞隆公江御奉公仕候処、天正年中貞隆公御改易ニ付、岩城家中流浪之時分常隆御実子長次郎政隆与申候者
御当家江御出候而後ニハ伊達長次郎殿与申候。依之政隆之御跡を慕御当地江罷越宮城郡利府町ニ罷在、長次郎殿御若輩ニ候間守立為可申自分渡世にて長次郎殿江付添罷在候処ニ、長次郎殿壮年ニ而御病死ニ御座候。剰其砌軍司助儀長病にて罷在候キ。長次郎殿御子息伊達清次郎殿江暇申受仙臺

御城下江罷在数年浪人ニ而罷在候処、右軍司助嫡子拙者亡父佐藤杢丞事其時分ハ勘太郎与申候而十五歳ニ罷成候節、母方之苗字佐藤相名乗元和五年
貞山様御代中嶋監物を以被召出、御仕着小遣代并御扶持方御切米御人足等迄被借下江戸定詰之御奉公仕候由承伝候。月日ハ不承伝候。其後御薬込御手水番両役被　仰付、江戸ニ而ハ御日々記相付御使番も被　仰付、其外御鷹野御勝負之鳥奉行迄被　仰付江戸御国共ニ御奉公相務申候。右被下置候諸色之高員数ハ不承伝候。寛永十三年春御知行ニ直可被下置候条似合敷地形承立可申上旨右監物を以被　仰付、其年之江戸御供番御免被成下秋番被　仰付御国ニ罷在候。祖父軍司助儀も寛永四年より
御同代右監物を以被召出、御切米本代壱貫文御扶持方四人分被下置由承伝候。右軍司助儀寛永十三年九月六拾八歳ニ而病死仕、御切米御扶持方ハ杢丞本進退江御取合被下置由御申次ハ不承伝候。杢丞儀
義山様御代罷成江戸定詰之御奉公御免被成置由ニ而、右之小遣代御借人足等ハ被召上重而江戸御番をも被　仰付候ハ、如本可被返下置由にて御切米七両御扶持方十人分ニ被直下候。其時之御申次不承伝候。其以後野谷地田畑六町歩慶安五年四月六日山口内記・真山刑部を以致拝領候。新田起目御竿入高五貫百弐拾文并右新田所江入合申候久荒起目百姓無地壱貫九百六拾三文、弐口合七貫八拾三文之所明暦三年九月十二日山口内記を以被下置候。
御当代寛文元年十一月十六日ニ奥山大学を以何も並ニ右御切米御扶持方御知行ニ被直下、八貫五百文前書御知行高取合十五貫五百八拾三文之高ニ被成下江戸御作事奉行被　仰付相勤、同五年十月病死仕候

ニ付跡式嫡子拙者ニ被下置度旨、同年十一月十一日ニ親類共奉願候処ニ、願之通ニ跡式無御相違拙者ニ被下置旨同年極月廿六日冨塚内蔵丞を以被　仰渡、寛文五年十二月廿六日御日付之御黒印奉頂戴候。右御知行所之内切添之地有之、同十一年御竿被相入高九百文之所被下置旨延宝元年十月廿九日大條古監物を以被　仰渡、御知行十六貫四百八拾三文之高ニ被成下候。拙者儀先祖より本苗白土ニ御座候処ニ右申候通亡父杢丞儀勘太郎与申節、
貞山様御代中嶋監物相頼御奉公ニ罷出候節、右監物指図を以苗字相改母方之苗字佐藤ニ罷成拙者代迄相名乗罷在候処、本苗白土ニ被成下度由品々延宝三年奉願候処ニ、願之通白土ニ苗改被　仰付旨同年八月十九日柴田中務を以被　仰渡候。拙者儀同年三月十二日江戸御勘定頭和田半之助を以被　仰渡致勤仕候。拙者儀男子所持不仕候ニ付、市川郷左衛門次男虎之助壻養子ニ被成下、右郷左衛門御知行高六拾七貫三百五拾弐文之内五貫文拙者ニ被分下、拙者持来御知行高十六貫四百八拾三文取合弐拾壱貫四百八拾三文之高ニ被成下并拙者弟同苗三十郎無進退ニ而罷在候条、右高之内五貫文之所右三十郎ニ被分下被召出、似合御番被　仰付被下置度由、延宝七年二月十七日双方并親類共奉願候処ニ、願之通被仰付旨同年四月晦日佐々伊賀を以被　仰渡候。天和二年八月廿一日御国御勘定奉行右伊賀を以被　仰付、為御役料一ケ年ニ玄米百俵宛被下置奉勤仕候。天和三年八月日与御座候
御朱印天和四年二月廿五日奉頂戴候。拙者儀引続右御勘定奉行江戸御国共ニ致勤仕候ニ付貞享元年三月廿日

御前江被召出、拙者儀脇を不見神妙ニ御奉公相務候段相達
御耳御加増之地弐拾貫文被下置、三拾六貫四百八拾三文之高ニ被成下由被　仰付、其節御役料八被召
上候。貞享元年三月廿日御日付之
御朱印同年十二月三日於江戸柴田但馬を以奉頂戴候。右苗字改願之通被　仰付候段、延宝五年四月廿
九日先祖書上仕候節可申上処ニ、不念仕書上不仕候ニ付、右苗改被　仰付品々此度書加差上申候。以
上

元禄四年五月廿九日

7　太田次郎兵衛

一　拙者養祖父大田《(ママ)》市郎右衛門儀浪人にて江戸ニ罷在法躰仕修榮与申候。修榮娘藤井儀
義山様御代孝勝院様江被召出、御切米十三石三人御扶持方被下置十四ケ年相勤申候。如何様之品ニ而被
召出候哉年月御申次不承伝候。然処ニ藤井御暇被下置度旨右修榮願申上願之通御暇被下置候。年月御
申次不承伝候。藤懸監物殿家来藤掛八郎右衛門妻ニ罷成、右八郎右衛門病死仕後家にて罷在候。
御当代寛文四年
浄眼院様江被召出御切米十五両六人御扶持方被下置、御年寄御奉公相務罷在候。誰御申次にて被召出候
哉不承伝候。延宝二年右御切米御扶持方之外為御合力玄米三拾石被下置候。天和三年二月七日藤井養

孫女拙者ニ御取合聟養子ニ被成下、太田苗字ニ被　仰付候間当分ハ拙者ニ被下来候御知行を以只今迄之通可相勤旨佐々伊賀・古内造酒祐を以被　仰付候。拙者儀望月定林次男無進退ニ而罷在候処、寛文九年各務采女を以御奥小性ニ被召出御仕着并小者御扶持方弐人分小者料弐両被下置候。定林儀其節正大夫与申候。同十二年正月御切米六両四人御扶持方被下置候。御申次失念仕候。右御仕着小者扶持小者料ハ其節被召上候。延宝元年表御小性組ニ被　仰付候。天和元年十二月新知十五貫文被下置旨於

御前被　仰付、右御切米御扶持方ハ其節被召上候。天和三年八月日与御座候

御朱印貞享元年二月十一日奉頂戴候。貞享三年

浄眼院様御遠行被遊候以後藤井尼ニ罷成日性与申候。同四年病死仕候ニ付、日性跡式御切米十五両六人御扶持方御合力米三拾石を地形ニ被直下、拙者元御知行十五貫文江御取合三拾三貫七百八拾文之高ニ被成下旨、同年十一月十八日柴田内蔵・佐々豊前・冨田壱岐を以被　仰付、引続御小性組御奉公相務罷在候処ニ、元禄元年二月御近習江相詰可申旨於

御前被　仰付、同二年六月先年御近習目付衆御用相務候格ニ御用相勤候様ニと於

御前被　仰付候。右高之

御朱印ハ于今頂戴不仕候。以上

元禄四年三月廿八日

8　守屋藤太夫

一　拙者養父守屋四郎左衛門儀男子無御座候付而、拙者儀福原将監次男ニ御座候、四郎左衛門養子ニ仕度由寛文十年霜月八日双方願申上候処、同十一年正月十五日願之通古内志摩を以被　仰付候。然処右四郎左衛門実子出生仕候ニ付、四郎左衛門御知行高百八貫六百三拾壱文之内三拾貫文之所拙者ニ被分下度由、延宝七年五月廿二日四郎左衛門奉願候処ニ、願之通被分下御番所中之間被　仰付宮内土佐御番組ニ被相入之旨、同七年六月廿三日佐々伊賀を以被　仰渡候。天和三年八月日与御座候御朱印同四年二月七日奉頂戴候。拙者儀元禄四年正月廿三日於御前御武頭被　仰付相勤申候。先祖之儀ハ右四郎左衛門先年書上仕候。延宝七年六月右之通分地被成下候条、其節由緒書上可仕処心付不申延引、此度如斯ニ御座候。以上

元禄四年三月廿三日

9　栗村喜内

一　拙者儀亡父栗村次兵衛三男無進退ニ而罷在候処ニ、、義山様御代明暦二年上郡山古九右衛門を以被召出御禿ニ而被召仕、御仕着并御扶持方弐人被下置御奉公相務申候。月日幼少之節故失念仕候。

御当代万治三年十二月

品川様御奥小性ニ可被召使候間江戸江罷登可相勤由奥山大學を以被　仰付候。寛文元年三月廿三日より
致勤仕候処ニ為御加増御切米壱両御扶持方弐人分被下置旨、同年
品川様御家老大町古備前を以被　仰渡、取合御仕着并御切米壱両御扶持方四人分之高ニ被成下候。月日
失念仕候。同五年三月十六日表御小性組可相勤由
品川様御直々被　仰付候。同七年四月廿七日御側小性被　仰付、右御仕着御切米御扶持方被召上、別而
御切米十五両御扶持方十人分被下置旨右備前を以被　仰渡、其以後為御加増御切米十両被下置候段延
宝三年十二月廿六日
品川様御家老佐々下総を以被　仰渡、取合御切米弐拾五両十人御扶持方之高ニ被成下候。同六年九月七
日額髪御免被成下御近習相勤可申由
品川様御家老上遠野掃部を以被　仰付候。同八年七月朔日御知行三拾貫文被下置由佐々伊賀を以被　仰
渡候。其節右御切米御扶持方ハ被召上候。天和三年八月日与御座候
御朱印貞享元年四月九日ニ奉頂戴候。
元禄三年十一月三日
品川様御直々御小性頭御役目被　仰付、只今迄之通定詰仕相勤可申由被　仰付候。先祖之儀ハ先年右次
兵衛壻養子同苗長兵衛書上仕候。以上
元禄四年四月十五日

10 鈴木為敢

一 拙者養祖父鈴木孫左衛門儀
誰様御代被召出何様之御奉公相勤申候哉年月不承伝候。
義山様御代要山様江被相付御徒目付御奉公相務、其以後於江戸
御奥方御賄御用相勤申由承伝候。祖父以前之儀不承伝候。右孫左衛門男子斎藤次郎兵衛・中塚十兵衛・大貫半太夫・石母田大膳右何茂別進退ニ被召出御奉公相勤家督之子共無之ニ付而、拙者亡父鈴木謙安儀庄子喜内次男ニ御座候を聟養子ニ被成下、右孫左衛門御切米四両弐分御扶持方九人分之内御切米四両弐分御扶持方七人分ハ末々右謙安ニ被下置、御扶持方二人分ハ大貫半太夫ニ只今より御加増ニ被分下、右半太夫持来御切米御扶持方江取合御切米三両六人御扶持方ニ被成下度由、
御当代寛文六年右孫左衛門奉願候処、願之通被 仰付旨於江戸柴田外記を以右孫左衛門ニ被 仰渡候。寛文七年正月右孫左衛門儀於江戸病死仕ニ付、跡式右謙安ニ被下置度由親類共奉願候処、同年四月如願跡式御切米四両弐分御扶持方七人分無御相違被下置候。誰を以被 仰渡候哉不承伝候。右謙安儀同八年より御次医師にて江戸御番相務、同九年江戸定詰被 仰付五ケ年定詰仕候処、延宝三年十一月御相伴並被 仰付、同四年二月御加増を以御切米判金壱枚御扶持方八人分之高ニ被成下、浄眼院様江被相付候。誰を以被 仰渡候哉不承伝候。病功も経不申遠慮之段願申上、同年八月御赦免被成下、半年御番被 仰付御相伴並にて罷在候処、同六年三月福井玄孝同役被 仰付、同八年九月六日

於　御前御知行弐拾貫文被下置候。右御切米御扶持方ハ其節被召上候。天和三年八月日与御座候
御朱印取持仕候。同四年正月十一日於　御前御加増十貫文被下置、取合三拾貫文之御知行高ニ被成下
候。天和四年正月十一日御日付之
御朱印所持仕候。右謙安儀貞享二年二月於江戸病死仕ニ付、跡式拙者ニ被下置度由同年三月十八日親
類共奉願候処ニ願之通跡式無御相違、拙者ニ被下置旨、貞享二年五月十三日佐々豊前を以被　仰付候。
御朱印ハ于今不奉頂戴候。拙者儀御次医師にて罷在候。以上
元禄四年三月廿七日

11　古内酉之助

一　拙者養亡父古内主膳儀年若御座候得共病者ニ罷成其上子共無之ニ付而、拙者儀大和田四郎右衛門次男
ニ御座候処、主膳養子被成下度由延宝五年五月廿五日双方并親類共奉願候処、願之通被　仰付旨同年
七月十九日柴田中務・大條古監物を以被　仰付候。然処主膳実子源吉同六年三月致出生候。主膳儀同
八年八月病死仕候付而跡式御知行高七百三拾四貫弐百弐拾三文之内七百四貫二百廿三文同氏源吉ニ被
下置、残三拾貫文拙者ニ分被下度旨同年閏八月廿三日親類共奉願候処、同年十二月朔日願之通被成下
旨黒木上野を以被　仰渡候。其以後御番入奉願候処ニ御番所虎之間佐々伊賀御番組被　仰付之旨、天
和三年八月廿三日遠藤内匠を以被　仰渡候。天和三年八月日与御座候

御朱印貞享元年二月廿五日ニ奉頂戴候。先祖之儀ハ右主膳先年書上仕候。以上
元禄四年四月十三日

12 諏訪万右衛門

一 拙者儀摂州浪人ニ御座候処、於武州江戸数年鑓修行仕罷在、御家中衆江も鑓指南仕候付而被及
聞召古内造酒祐を以進退望を被相尋、延宝四年九月廿七日三百石ニ而被召出候旨、橋本伊勢を以被　仰
渡候。同五年六月廿八日御知行三拾貫文ニ被直下旨大條古監物を以被　仰渡候。同年七月宮内権十郎
御番組中之間ニ被　仰付候旨右監物を以被　仰渡候。同月地形にて被下置候儀当時不勝手ニ御座候段
願申上候処、如願玄米ニ而被下置旨小梁川修理を以同年ニ被　仰渡候。天和三年七月十一日御知行三
拾貫文ニ被成下候段佐々伊賀を以被　仰渡候。天和三年八月日与御座候
御朱印同四年二月七日奉頂戴候。以上
元禄四年三月廿八日

13 狭川新三郎

一 拙者儀和州浪人ニ而罷在候処、延宝五年四月古内造酒祐所江罷下候。兵法芸仕候段相達
御耳兵法可被遊

御上覧旨、同年八月被　仰出兵法被遊
御上覧、同月四日為御合力御扶持方二十人分被下置段右造酒祐を以被　仰付被召出候。天和三年七月
朔日於
御前兵法打合被　仰付、同月六日御知行三拾貫文被下置旨遠藤内匠を以被　仰渡候。其節右御扶持方
ハ被召上候。同月晦日御番所中之間遠藤内匠御番組被　仰付候由右同人を以被　仰渡候。天和三年八
月日与御座候
御朱印奉頂戴候。以上
　元禄四年三月廿九日

14　茂貫安太夫

一　拙者養祖父茂貫七左衛門儀
公儀御納戸役相務申候。右七左衛門娘御局儀
美濃守様より
御前様江被相付、御婚礼之節御供仕罷越候処、御切米五十両御扶持方弐十人分外十五石被下置御奉公仕
　候。拙者儀
公儀大番組後藤清左衛門次男ニ御座候処ニ依親類幼少より御局養子ニ仕指置申候処ニ、拙者儀貞享元年

十月十九日新規御知行三拾貫文被下置被召出旨佐々豊前を以被　仰渡候。同月廿三日御番所虎之間佐々豊前御番組ニ被相入旨右豊前を以被　仰付候。同年十二月廿九日御小性組被　仰付旨古内造酒祐を以被　仰渡候。貞享元年十月十九日御日付之
御朱印貞享二年四月十六日ニ奉頂戴候、拙者儀段々御役目被　仰付、当時御小納戸役相務罷在候。以上

元禄四年五月廿九日

15 田邊淳甫

一 拙者儀曾祖父代迄東寺之地侍にて彼地ニ罷在候処、曾祖父代より亡父田邊徳左衛門代迄浪人ニ而京都ニ住居仕候。然処右徳左衛門次男拙者儀儒業之品大嶋良設申上御当地江罷下、延宝五年五月十八日被召出於京都顕(玄)米百石宛毎年被下置候段於
御城柴田中務・小梁川修理を以被　仰渡候。其以後貞享五年正月廿二日御知行三拾貫文被下置之旨
御直ニ被　仰付候。其節右玄米ハ被召上候。于今
御朱印ハ不奉頂戴候。以上

元禄四年四月十九日

16 高山丑之助

一　拙者先祖濃州浪人之由承伝候。父高山阿波・拙者共ニ浪人にて京都ニ年久罷在候。然処拙者儀江戸江
　罷下罷有候処ニ、延宝八年四月十三日
品川様御児小性ニ被召出旨黒木上野・古内造酒祐を以被　仰渡、御切米十両御扶持方十人分被下置候。
　貞享五年五月廿九日御知行三拾貫文被下置旨、
品川様御前江被召出
御直被　仰出候。右御切米御扶持方ハ其節被召上候。
御朱印ハ丹今不奉頂戴候。以上
　元禄四年四月十五日

17 多田勝之助

一　拙者儀多田彦右衛門次男ニ御座候。貞享二年十一月六日ニ御年男ニ五嶋織部・永井縫殿を以被召出、
貞享四年十二月七日ニ長沼玄蕃を以御切米六両御扶持方四人分新規ニ被下置候。元禄三年十二月十一
日御知行三拾貫文被下置、佐藤七之丞ニ引続御奉公相務可申由長沼玄蕃を以被　仰付候。
御朱印于今不奉頂戴候。先祖之儀ハ先年親彦右衛門権太夫与申候節書上仕候。以上
　元禄四年三月廿五日

18　河田四兵衛

一　拙者祖父河田因幡儀田村御譜代之由承伝候得共、何様之御奉公仕進退何程被下候哉不承伝候。田村宗顕公御卒去以後浪人ニ罷成、右因幡御当地江相越罷在候処如何様之品ニ而被召出候哉、貞山様御代御切米壱両御扶持方四人分被下置、御徒小性組ニ被召出御番所中之間被　仰付之由承伝候。年月御申次不承伝候。右因幡病死仕候而跡式御番所共因幡嫡子同苗五右衛門ニ被下置候。右因幡次男拙者亡父同苗四兵衛儀無進退ニ而罷在候処、義山様御代御不断組ニ被召出御切米御扶持方被下置候。進退高并年月御申次共ニ不承伝候。右四兵衛御同代慶安元年八月江戸御勘定衆ニ被　仰付、新規ニ御切米壱両二分御扶持方四人分被下置之旨山口内記を以被　仰付候。其節御不断組被相除右組付之進退ハ被召上候。其以後承応二年八月品川様御部屋住之節諸色御入宇之本〆（締）御用被　仰付江戸定詰相勤申候。同三年八月為御加増御切米壱両弐分御扶持方三人分被下置、御切米三両御扶持方七人分之高ニ被成下旨山口内記を以被　仰渡、御番所御次之間被　仰付候。引続定詰仕右御用相勤候処、依病気為療治之御暇願申上候処如願被　仰付明暦三年五月罷下候。拙者儀亡父右四兵衛嫡子部屋住ニ而罷在候処、明暦二年品川様御部屋住之節御奥小性ニ被　仰付、無進退にて御奉公仕候処、義山様御代同三年四月十五日御切米三両御扶持方四人分被下置旨山本古勘兵衛を以被　仰渡、引続右御奉公相務罷在候。右親四兵衛儀明暦四年病死仕候付、跡式次男同苗猪之助ニ被下置度由親類共奉願候処、同年五月山口内記を以如願被　仰付候。
御当代寛文元年二月拙者儀御表江被相出御小性組相務罷在候処、御奥小性首尾能相務申ニ付而御加増被
成下度由、
品川様より被　仰進候付而為御加増御切米三両被下置旨、寛文元年八月十九日奥山大學を以被　仰渡、
御切米取合六両之高ニ被成下候。延宝三年四月
品川様御物書番被　仰付旨、
品川様御小性頭大立目将監を以被　仰渡御番替りニ相勤申候処、同九年二月定詰ニ被　仰付致勤仕候。
其以後拙者儀御奉公数年首尾能相務申候間、為御加増御切米八両二分御扶持方十壱人分被下置、取合
御切米十四両二分十五人御扶持方ニ被成下之旨、同年八月廿六日柴田中務を以被　仰渡候。貞享元年
四月十三日
大守様品川御屋敷江被為
入候節
大守様御前江被召出
品川様御物置番定詰仕数年無恙神妙ニ相務候付、御知行弐拾五貫文被下置旨
大守様御直ニ被　仰付候。其節右御切米御扶持方ハ被召上候。貞享元年四月十三日与御座候
御朱印同二年五月廿八日奉頂戴候。拙者儀引続定詰ニ而御物置番相勤罷在候。以上

元禄四年五月廿八日

19　小嶋玄益

一　拙者曾祖父小嶋二休儀仙道にて小嶋与申所知行仕罷在候由承伝候。其節仙道ハ大形田村之御旗下ニ而罷在候由承伝候。然処
貞山様天正十三年九月仙道筋御働之砌御味方申上それより御奉公仕候。其節被下置候
御朱印并片倉先小十郎御取持被仕候添状共ニ所持仕候処、小嶋ハ会津仙道筋ニ有之候哉存候ハ、、書立可申上由、貞享五年七月冨田二左衛門方ゟ為
御意申来候ニ付而、為可申上右
御朱印并小十郎添状共ニ右二左衛門方迄指上申候。刈田郡白石森合ニ而御知行弐拾五貫百四拾文被下置候、霜月十日御日付之御目録所持仕候得共年号ハ無御座候。右二休嫡子小嶋宮内左衛門家督被下置候年月御申次并右宮内左衛門跡式嫡子作右衛門ニ被下置候年月御申次共ニ不承伝候。右亡父作右衛門親類鹿野権七寛永七年之頃不届有之切腹被　仰付候節、親作右衛門進退被召放御国御追放被　仰付候。同十三年ニ御領御免ニ而被召返候。翌年之秋之頃津田古民部を以右作右衛門
義山様御代御目見被　仰付候。右作右衛門儀一生浪人ニ而罷在候。其後拙者儀御町医師仕罷在候処、寛文三年

御当代為　御目付天野弥五右衛門・神尾五郎太夫殿御下向被成候節より御家来数多相煩申ニ付、御馳走
ニ被相付候御医師衆江加リ療治可仕由冨塚内蔵丞を以被　仰付、毎年　御目付衆御相伴も数度被　仰
付、寛文十年十月御切米二両御扶持方四人分被下置、御次医師ニ被召出之旨柴田外記を以被　仰渡候。
同十一年より高力左近殿江被相付候。延宝三年極月六日
御前江被召出御近習ニ被　仰付、同四年五月六日ニ御加増被下置、御切米判金壱枚御扶持方八人分之
高ニ被成下之旨大條古監物を以被　仰渡候。同年六月十八日ニ
浄眼院様江被相付江戸定詰被　仰付、同八年九月六日ニ御知行弐拾貫文被下置之旨柴田中務・黒木上野
を以被　仰渡候。其節御切米御扶持方ハ被召上候。
浄眼院様御卒去以後貞享四年四月佐々豊前を以前々之通ニ御近習相勤可申旨被　仰付候。天和三年八月
日与御座候
御朱印奉頂戴候。元禄三年極月晦日冨田二左衛門・本多伊賀を以本御焼火之間ニ詰所被　仰付候。以
上

元禄四年三月廿九日

20　清水動閑

一　拙者養亡父清水道閑儀山城所生浪人にて京都ニ罷在候処、

貞山様御代御茶道ニ被召出御相伴衆並ニ元日着座被　仰付候。進退高并年月御申次不承伝候。
義山様御代迄右之通不相替被　仰付候。本進退何程ニ御座候哉、御切米判金七枚御扶持方二十人分之高ニ御加増被下置候由承伝候。年月御申次不承伝候。
御同代為御加増御知行十貫文被下置、御知行十貫文御切米判金七枚御扶持方二十人分之高ニ被成下候。御申次不承伝候。寛永年中惣御検地之節二割出目被下置十二貫文ニ被成下候。右道閑嫡子清水喜左衛門ニ右御知行十二貫文被下置被召出度旨奉願候処ニ、如願被成下由古内故主膳を以喜左衛門ニ被　仰付候由承伝候。道閑慶安元年六月於京都病死仕候。存生之内
義山様江申上候ハ所持仕候茶之湯道具之分死後ニハ皆以指上可申旨申上置候付、道閑死去仕候以後茶湯道具御徒目付宮川四郎左衛門・御徒衆湯村平助を以江戸江差上申候。且又跡式可被立下候間跡目ニ可罷成者有之候哉と右主膳を以被　仰出候付、其節奥村瑞庵御茶御用にて上方ニ罷在候故、
御意之趣主膳方ゟ瑞庵所へ申来候付、道閑次男清水宗治ニ
御意之趣瑞庵申渡候処、年寄御奉公罷成間敷候間、宗治姉壻飯田小左衛門と申浪人にて京都ニ罷在候右小左衛門嫡子道閑ニハ孫拙者儀小猿与申候節、跡式被下置度由右宗治願申上、拙者儀右四郎左衛門・平助同道仕同年八月江戸江罷下候処、右主膳を以弥御奉公可仕覚悟ニ候哉と　御尋ニ御座候間、御奉公仕度奉存候由申上候得者、道閑跡式拙者ニ御切米判金五枚十人御扶持方被下置、名改道閑ニ被　仰付御茶道ニ可被召仕旨慶安元年右主膳を以被　仰付候。御書付明暦三年於江戸火事ニ焼失仕候而月日

覚不申候。其節宗治ニハ御扶持方十人分被下置候。
御当代寛文九年渡邊金兵衛を以拙者儀御茶道頭被　仰付候。延宝四年三月十六日御知行三拾貫文柴田中務・小梁川修理を以被下置、其節右御切米御扶持方被召上候。其後御茶道衆不義願指上候ニ付而、同六年極月廿三日進退被召放石川大和殿江被相預候処、同九年極月廿二日被召出、御知行十貫文被下置候旨佐々伊賀を以被　仰渡候。同月廿七日御茶道組頭被　仰付旨望月縫殿を以被　仰渡候。拙者儀天和二年八月動閑ニ文字相改可申由
御直ニ被　仰付候。天和三年八月日与御座候
御朱印貞享元年六月朔日於江戸奉頂戴候。同年三月廿九日
御直ニ御加増十貫文被下置二十貫文之高ニ被成下、御茶道頭并御勝手御役人衆御路地衆等支配被　仰付候。貞享元年三月廿九日御日付之
御朱印同二年四月十六日ニ奉頂戴候。以上
元禄四年四月廿七日

21　猪股立順

一　拙者亡父猪股松順儀水野監物殿ニ外科相勤罷在候処暇申受浪人ニ而江戸ニ罷在候処、桑嶋孫六殿・中川立甫老御取持を以天和三年十二月古内造酒祐を以被召出、御知行三拾貫文被下置

御前外科相勤罷在候処ニ、貞享元年六月於
御前為御加増五貫文被下置、御知行三拾五貫文之高ニ被成下候。右
御朱印奉所持候。松順儀貞享四年六月官位之御暇申上京都江罷登法橋ニ罷成候以後、於京都ニ病死仕
候付跡式嫡子拙者ニ被下置度由、元禄元年十一月十六日親類共奉願候処ニ、右御知行高御減少を以弐
拾貫文拙者ニ被下置旨同二年四月廿七日冨田壱岐を以被　仰渡候。
御朱印ハ于今不奉頂戴候。拙者儀当時御次外科相勤申候。以上
元禄四年三月廿五日

22 佐藤文右衛門

一 拙者先祖伊達御譜代之由承伝候得共祖父以前之儀ハ不承伝候。祖父御大工久左衛門儀先祖より御大工
職相勤申候哉、
貞山様伏見江被遊　御出候節久左衛門儀御大工職にて御供仕、其以後江戸江御供ニ而罷下江戸定詰仕、
御切米三両壱分御扶持方五人分ニ而御奉公相勤申候。久左衛門儀子共所持不仕候付而江戸所生之浪人
拙者亡父久三郎儀養子ニ仕置候ニ付而、久左衛門年寄御奉公相勤兼申候間隠居被　仰付、跡式久三郎
ニ被下置職目為相務申度由願申上候処、願之通無御相違久三郎ニ被下置旨被　仰渡候。右願申上候年
月并被　仰渡候年月御申次共ニ不承伝候。久三郎名改久左衛門ニ被　仰付引続江戸定詰にて御奉公仕

候処、其以後江戸定詰御大工棟梁被　仰付候。右年月ハ不承伝候。且又久左衛門儀首尾能御奉公相務
候ニ付而、万治三年
品川様御代苗字御免被成下、佐藤久左衛門ニ被成下旨、其節之御作事奉行遠藤惣助を以被　仰付候。
御当代佐藤久左衛門嫡子拙者儀病者ニ候故職目之御奉公ハ不相叶候得共、幼少より儒学精出相勤申候付
御暇被下置引続学問仕度奉存候段、寛文十一年御作事奉行青田彦左衛門を以願申上候処、願之通御暇
被下置弘文院弟子ニ罷成学問仕候。延宝元年法躰仕度奉存候段願申上候処、同二年正月十七日願之通
法躰被　仰付春意与致改名候。右御申次致失念候。延宝八年八月廿三日新規御切米弐両御扶持方四人
分被下置被召出旨黒木上野を以被　仰渡候。元禄元年正月廿二日御加増御切米四両被下置、六両四人
分之高ニ被成下旨佐々豊前を以被　仰渡候。当二月六日於江戸東髪名改文右衛門ニ被　仰付御知行弐
拾貫文被下置、御番所中之間茂庭下野組ニ被相入之旨被　仰付、詰所者櫻井八右衛門・諏訪万右衛門
御納戸本〆（締）衆渋谷権七並ニ相詰可申由、其節之御留守居高泉筑後を以被　仰渡候。右御切米御扶持方
ハ被召上候。于今
御朱印ハ不奉頂戴候。以上
元禄四年三月廿九日

23　榊田覚之丞

一　拙者祖父榊田六郎左衛門儀江戸浪人ニ而罷在候。右六郎左衛門娘鳥羽寛永十三年
孝勝院様江被召出御奉公仕候。如何様之品ニ而何程之御擬《（マヽ）》作被下置候哉、御申次共ニ不承伝候。右鳥羽
被召出候節年普被相定候処、年普相過申ニ付御暇被下置度由、拙者父鳥羽兄浪人ニ而江戸ニ罷在候榊
田覚左衛門慶安四年ニ奉願候処ニ、
孝勝院様被遊
御意候ハ先以縁組申合候上御暇之願可申上候。似合之縁組於有之者御暇可被下置由被　仰渡、其後
孝勝院様御前江鳥羽被召出、近年ハ被為成御病者ニ候。其身悴より被召仕御因ニ被　思召候間　御一生
ハ御奉公可申上由
御直々御懇之
御意之段難有奉存御奉公相勤申候。
孝勝院様御存生之内
品川様御奥方江被相付由被　仰付引続御奉公仕候。
大守様御誕生被遊節より御守立被　仰付、寛文六年迄御奉公申上、同年御国江被相下津田玄蕃江被相預、
御切米弐拾両御扶持方十人分柴田外記を以被下置候。延宝元年ニ被召出仙臺屋敷被下置、同七年ニ御
物縫衆被相預右御用相務罷在候。拙者儀右覚左衛門次男ニ御座候処、鳥羽養子家督ニ被成下鳥羽ニ被

下置候御切米二十両御扶持方七人分拙者ニ被下置度由、延宝六年二月鳥羽願申上候処、願之通鳥羽養子ニ被　仰付旨、同年三月冨田壹岐・橋本伊勢・大松沢和泉・日野玄蕃を以被　仰渡候。天和三年御番入奉願候処ニ御番所虎之間被　仰付、大條三郎左衛門御番組ニ被相入之由同四年二月佐々伊賀を以被　仰渡候。然処ニ右御切米御扶持方御知行ニ被直下、

御朱印頂戴為仕度由天和四年二月鳥羽奉願候処、同月

御前江拙者被召出、鳥羽儀

孝勝院様御代より年久老躰迄首尾能御奉公相勤候被　仰立を以、御知行高十六貫文ニ被成下之旨被　仰付候。天和四年二月十九日御日付之

御朱印貞享二年六月奉頂戴候。同年八月御小性組見習五嶋織部・永井縫殿を以被　仰付、同三年三月

御国御小性組ニ被　仰付旨右織部を以被　仰渡相務罷在候。以上

元禄四年五月十四日

元禄四年五月日

二之牒

24　金須兵太夫

一　拙者儀亡父金須佐渡三男無進退にて罷有候処、親類南十右衛門御知行高三拾七貫四百拾五文之内壱貫四百拾五文拙者ニ被分下被召出度由、延宝七年霜月右十右衛門・拙者兄同氏甚平奉願候処、同極月廿五日如願被　仰付旨黒木上野を以被　仰渡候。天和元年極月御番入奉願候処ニ、同廿八日御番所御広間被　仰付、古内造酒祐御番組ニ被相入旨柴田中務を以被　仰渡候。貞享五年二月十五日御右筆加勢被　仰付旨高泉筑後を以被　仰渡候。同年霜月九日日光御普請御用御留等役石母田大膳を以被　仰付候。同極月六日御右筆被　仰付旨中地靫負を以被　仰渡、元禄二年三月廿九日右御知行取合御切米三両四人御扶持方之積ニ御加増、御切米弐切御扶持方四人分被下置之旨富田壹岐を以被　仰渡候。同霜月十六日於日光御普請方御用首尾能相勤候段被　仰立を以、御切米五両七人御扶持方之高ニ御加増被成下旨
御直ニ被　仰渡、御知行壱貫四百十五文御切米弐両三分御扶持方七人分之高ニ被成下候。当月九日御

知行拾五貫文ニ被成下旨
御直被　仰付候。其節右御切米御扶持方ハ被召上候。丹今
御朱印ハ不奉頂戴候。先祖之儀者先年兄同氏甚平書上仕候。右之通延宝七年分地被成下候間、其節之
御改ニ先祖書上可仕処心付不申延引、此度如斯御座候。以上
元禄四年三月廿九日

25　伊東新三郎

一　拙者曾祖父伊東大隅与申者葛西一門にて家来ニ御座候処、天正年中葛西没落以後祖父伊東修理与申者
迄浪人ニ而罷有候処、修理儀慶長年中白石・釜石両所之御陣ニ者
御味方ニ罷成候由承伝候。修理三男拙者亡父伊東甚次郎儀、
義山様御代寛永十八年ニ御勝手物書ニ被召出、御道具取仕廻も見習可申旨真山刑部を以被　仰付、御切
米弐両四人御扶持方被下置候。正保弐年御勝手役人ニ田中勘左衛門を以被　仰付候。慶安元年十一月
廿七日為御加増御切米三両弐人御扶持方山本古勘兵衛を以被下置五両六人御扶持方ニ被成下候。明暦
元年極月御加増御切米五両右勘兵衛を以被下置御切米拾両ニ被成下候。明暦二年二月御番所中之間茂
庭大蔵御番組ニ入江左太夫を以被　仰付候。
御当代寛文十年十月病気ニ付右御役目御免被成下度旨奉願候処、同年十一月澁川助太夫を以御免被成下

御国御番相務申候。延宝三年十月御書物奉行小梁川修理を以被　仰付御小性組ニ被相入候。且又御祠堂御用并御記録役共ニ被　仰付相勤申候。同八年九月十三日於江戸御前江被召出御知行拾五貫文被下置候。其節右御切米御扶持方ハ被召上候。但甚次郎儀年久敷御奉公首尾能相務、其上従前々志之品被及聞召候付、右之通被成下旨御意之趣柴田中務・黒木上野御書付所持仕候。甚次郎儀老衰仕其上病気無然御奉公相勤兼候付、右御役目御免被成下度旨奉願候処、天和元年極月如願之御免被成下候。依之御番入奉願候処御番所虎之間西大條駿河御番組ニ被　仰付旨、同二年二月黒木上野を以被　仰渡候。拙者儀部屋住にて御小性組ニ被召仕被下置度旨、延宝七年十一月右甚次郎奉願候処、同八年七月御小性組ニ黒木上野を以被召出相勤申候。天和二年正月御小性組御免被成置候。右甚次郎儀同年三月隠居被　仰付、跡式嫡子拙者ニ被下置度旨右甚次郎奉願候処、如願跡式御知行高拾五貫文被下置御番所不相替被　仰付旨、同月廿六日佐々伊賀を以被　仰渡候。天和三年八月日与御座候御朱印貞享元年二月十一日奉頂戴候。以上

元禄四年三月廿八日

26　木村三四郎

一　拙者儀亡父木村宇右衛門三男無進退にて罷有候処、寛文六年五月十三日御仕着を以御奥小性ニ被召出

旨各務采女を以被　仰付、江戸定詰相勤申候。同九年表御小性組被　仰付、御切米六両御扶持方四人分被下置旨同八月十日澁川助太夫を以被　仰渡候。右御仕着ハ其節被召上候。天和元年極月四日御前江被召出御知行拾五貫文被下置候。其節右御切米御扶持方ハ被召上候。同三年八月朔日御小性組御免被成候付、其以後御番入奉願候処御番所虎之間被　仰付、遠藤内匠御番組ニ被相入之旨同九月十三日柴田中務を以被　仰渡候。天和三年八月日与御座候御朱印同四年二月十一日奉頂戴候。先祖之儀兄同氏太郎左衛門先年書上仕候。以上

元禄四年三月廿六日

27　鈴木道竹

一　拙者養祖父鈴木七左衛門次男同氏道察共ニ寛永四年會津より御当地江罷越住居仕候。右七左衛門儀一生浪人ニ而罷有候。養父右道察儀七左衛門一所ニ浪人ニ而罷有候処、中条道喜弟子ニ罷成右道喜婦人流無残伝授療治仕候段、

義山様相達

御耳御切米三両御扶持方四人分被下置、御次衣躰ニ被成下被召出旨承応三年三月廿五日古内古主膳を以被　仰渡候。道察男子無御座候付拙者儀新妻隼人次男無進退ニ而罷有候処、道察養子ニ被成下拙者兄新妻源太夫御知行高弐拾弐貫弐百文之内弐貫弐百文之所道察ニ被分下度由、

御当代天和二年二月廿八日双方并親類共願申上候処、如願被成下旨、同年七月十八日津田民部を以被　仰渡候。道察儀貞享四年
御前様御安産御用被　仰付江戸江被相登同年十月罷下候処、同十二月七日
御前江被召出御加増被下置、御知行十五貫文之高ニ被成下自今於伺公之間
御目見等可仕旨被　仰出候。其節右御切米御扶持方ハ被召上候。其以後段々老衰仕候付隠居被　仰付、拙者ニ家督被下置度由元禄三年十二月七日道察并親類共願申上候処、如願跡式無御相違被下置旨当月
二日大條監物を以被　仰渡候。
御朱印ハ丹今不奉頂戴候。以上
元禄四年三月廿九日

28　柿沼七郎兵衛

一　拙者先祖伊達御譜代之由承伝候得共、
御先祖誰様御代先祖誰何様之御奉公仕、誰代ニ浪人ニ罷成候哉其品不承伝候。祖父柿沼七郎兵衛儀浪人ニ而名取ニ年久罷有候処、
貞山様御代御割奉行衆加藤喜右衛門・高城外記相憑御村御用無進退ニ而相勤申由承伝候。右七郎兵衛嫡子拙者亡父同苗金左衛門儀

義山様御代慶安弐年七月十日
品川様御部屋住之節成田杢を以御徒番頭ニ新規ニ被召出、御切米壱両三分御扶持方四人分被下置、且亦
御薬込役共相勤罷有候処、承応二年六月右金左衛門病死仕候付、跡式嫡子拙者ニ被下置度由同年七月
五日親類共奉願候処、願之通跡式無御相違拙者ニ被下置旨、同月廿五日古内主膳を以被　仰付候。同
年八月十四日ニ江戸江被相登、
品川様御部屋虎之間御小性ニ同月廿八日大條兵庫を以被　仰付、明暦元年為御加増御切米壱両壱分被下
置旨右兵庫を以被　仰渡、取合御切米三両御扶持方四人分ニ被成下候。月日失念仕候。
品川様御部屋住之節万治元年四月右兵庫を以定御供被　仰付、
御当代も定御供引続相勤罷有候処、寛文六年二月朔日為御加増御切米壱両被下置之旨古内志摩を以被
仰付、御切米四両御扶持方四人分ニ被成下候。天和弐年七月十四日於江戸
御前江被召出、御知行拾五貫文被下置御徒頭被　仰付旨
御直ニ被　仰付候。右御切米御扶持方ハ其節被召上候。天和三年十一月廿二日右御徒頭御赦免被成候
ニ付、同月廿八日ニ御番入奉願候処、御番所虎之間奥山勘解由御番組ニ同年十二月廿一日佐々伊賀を
以被　仰渡候。天和三年八月日与御座候
御朱印貞享元年二月十一日奉頂戴候。同年五月廿二日米ケ袋御預り屋敷定番冨田壹岐を以被　仰付相
勤申候処、同三年閏三月十五日相去御足軽頭佐々豊前を以被　仰付引続相務罷有候。以上

元禄四年四月廿三日

29　嶋津彦太夫

一　拙者養先祖米澤より御当地江罷越年久罷有、養祖父嶋津平兵衛代迄浪人にて罷有候処、右平兵衛娘拙者養母嶋野儀如何様之品ニ而被召出候哉、
義山様御代御奥方江寛永十六年被召出候由承伝候。何程之御擬（マヽ）作ニ而如何様之御奉公仕候哉御申次共ニ不承伝候。
品川様江引続御奉公仕候。年月御申次不承伝候。万治三年二月十七日本御切米五両江為御加増御切米九両被下置、取合御切米拾四両ニ被成下旨茂庭古周防を以被　仰渡候。右本御切米ハ何年ニ被下置候哉不承伝候。其後為御加増御切米三両弐分御扶持方五人分被下置、十七両弐分五人分之高ニ被成下御奥方御年寄役被　仰付候。右両度之年月御申次共不承伝候。嶋野儀子共無御座候付、嶋野叔父平兵衛同前ニ浪人ニ而御当地ニ罷有候嶋津助右衛門次男拙者を養子ニ被成下度由、
御当代寛文十二年嶋野奉願候処、如願被　仰付旨同年極月十三日
品川様御家老松前古八之助を以嶋野ニ被　仰渡候。拙者儀部屋住之内御国御番為相勤申度段嶋野奉願候処、御番所虎之間遠山次郎兵衛御番組ニ被相入由、延宝元年六月十六日柴田中務を以被　仰渡御番相勤申候。其以後拙者年比ニも御座候間、

品川様御小性組明間も御座候ハヽ、被　仰付部屋住ニ而被召仕被下置度旨嶋野奉願候処、如願被　仰付旨
天和三年二月廿二日冨田壹岐を以被　仰渡御小性組御奉公仕候。同年四月廿六日品川御屋敷江
大守様被為　入候節、嶋野
御前江被召出、為御加増御知行十五貫文被下置旨
大守様御直ニ被　仰付候。嶋野進退御知行十五貫文御切米十七両弐分御扶持方五人分之高ニ被成下候。
天和三年八月日与御座候
御朱印同四年二月十一日嶋野名代ニ拙者罷出奉頂戴候。嶋野儀貞享四年十月病死仕候ニ付、右跡式拙者ニ被下置度由同年十一月十八日親類共奉願候処、願之通跡式無御相違拙者ニ被下置旨元禄元年五月廿四日佐々豊前を以被　仰渡、引続御小性組相勤罷有候。于今
御朱印者不奉頂戴候。以上

元禄四年五月十八日

30　氏家善八郎

一　拙者養祖父氏家勝六儀大崎浪人之由承伝候。右勝六如何様之品にて被召出候哉、
貞山様御代慶長十年御歩小性組ニ被召出由承伝候。其節御切米御扶持方ニ而罷出候哉、且又同十九年御知行八貫五百文被下置候由承伝候得共、月日并御申次等ハ不承伝候。右御組何時御免被成下候哉御小

納戸役相勤申候由及承候。右勝六男子持不申候ニ付、真山古庄兵衛次男傳次養子ニ仕家督無御相違被下置由承伝候。年月御申次不承伝候。右傳次儀慶安三年正月十三日義山様御代御加増之地弐拾壱貫五百文拝領都合三拾貫文之高ニ被成下候。御申次不承伝候。右傳次儀男子無之ニ付、氏家紹安次男拙者傳次ニハ従弟ニ御座候八歳ニ罷成候節、御当代寛文三年聟養子ニ仕置候。双方奉願養子ニ仕候哉尤月日等も失念仕候。然処ニ傳次儀越度有之寛文八年進退被召放流罪ニ被　仰付候処ニ親類共奉願、同十一年十二月廿三日古内志摩を以流罪御赦免同十三年三月十八日被召出御知行三拾貫文被下置候。御申次不承伝候。延宝三年六月廿三日御近習詰被　仰付候。御申次不承伝候。同四年三月晦日越度有之於江戸切腹被　仰付跡式被相禿候処ニ、性山様御百箇年忌御法事ニ付拙者被召出、御知行拾五貫文被下置旨天和三年十月八日冨田壹岐を以被仰付候。同年御番入奉願候処ニ御番所御次之間宮内土佐御番組被　仰付旨、同四年二月朔日冨田壹岐を以被　仰渡候。天和三年十月八日御日付之御朱印貞享弐年五月廿八日奉頂戴候。以上

元禄四年三月廿六日

31　澤﨑新次郎

一　拙者養父澤﨑隼人儀松平加賀守殿江奉公仕候処、致浪人候以後

美濃守様江被召出御奉公仕罷在候処、
御前様御婚礼被遊候節被相付御供仕罷越候処御知行三百石被下置候。貞享三年十月廿九日
大守様御前江被召出御加増百石被下置取合四百石之高ニ被成下候。右隼人儀男子所持不仕候付誰そ壻養
子被　仰付被下置度由、天和二年十一月三日隼人願申上候。拙者儀岡野三郎兵衛次男無進退ニ而罷有
候処、寛文九年五月十八日
品川様御奥小性ニ被召出旨古内志摩を以被　仰付御仕着被下置候。同十三年正月廿二日御切米六両御扶
持方四人分被下置旨鈴木主税を以被　仰渡候。右御仕着ハ其節被召上候。延宝四年正月廿三日御小性
組御減少之節、石田十郎左衛門を以拙者儀御小性組御免被成候処、同年二月六日小梁川修理を以御表
小性組ニ被　仰付、其以後御入小性御物置番被　仰付相勤申候。天和三年三月廿六日右隼人壻養子ニ
被　仰付候旨、佐々伊賀・古内造酒祐・各務内膳を以被　仰付候。貞享元年十二月廿九日
御前江被召出御知行十五貫文被下置候。貞享元年十二月廿九日御日付之
御朱印同二年三月十八日奉頂戴候。同三年閏三月十四日御小性組被相除之由永井縫殿を以被　仰付候。
同年六月三日ニ御番入奉願候処、御番所虎之間佐々豊前御番組ニ被相入之旨同年七月十八日富田壹岐
を以被　仰付候。元禄元年九月廿八日江戸御留守御取次番大條監物を以被　仰付罷登候処、同三年七
月廿九日
御前様御寄附御取次番相勤可申由、遠山帯刀・佐藤杢を以被　仰付定詰仕相務罷有候。以上

32　牛田三之丞

元禄四年四月廿五日

一　拙者祖父牛田主殿儀相馬譜代ニ御座候処、御北様先相馬長門守殿江御兄弟ニ御座候付被為貰、御当地江罷越直々御北様江御奉公御家老役相勤申候処ニ、貞山様より御切米五両御扶持方拾人分被下置候。年月御申次ハ不承伝候。御北様御卒去被遊候以後、従貞山様、陽徳院様江被相附是又御家老役相勤申由承伝候。右主殿嫡子同氏作左衛門儀部屋住ニ而罷有候処、義山様御部屋住之節御小性組ニ被召出、御切米六両御扶持方十四人分被下置由年月御申次ハ不承伝候。其以後右作左衛門儀御膳番役被　仰付相勤申候由承伝候。祖父主殿儀慶安四年四月病死仕候ニ付、義山様御代跡式右作左衛門ニ被下度由親類共願申上候処、同年十二月廿八日ニ山口内記を以御知行三拾貫文被下置、右父子ニ被下来候御切米御扶持方ハ其節被召上候由承伝候。作左衛門儀御目付役迄被　仰付相勤申由ニ候処、明暦三年五月病死仕候処ニ、家督之子共所持不仕候ニ付跡式被相禿候由承伝候。右主殿三男拙者父甚兵衛、寛永九年

貞山様御奥小性ニ御仕着にて其節之御小性頭湯村勘左衛門を以被召出相勤申候処ニ、同十三年
貞山様御遠行被遊候付、同十四年六月
義山様御代御小性組ニ被召出、御切米十両御扶持方六人分山口内記を以被下置御奉公相勤申候処、同十
八年
要山様御小性組ニ被相付奉勤仕候処ニ、正保二年
要山様御卒去被遊候ニ付、
義山様御小性組ニ被召仕、慶安二年御赦免被成下御番所虎之間被　仰付旨山本古勘兵衛を以被　仰渡候。
拙者儀甚兵衛嫡子部屋住ニ而罷有候処、
御当代寛文十一年四月御奥小性ニ渋川助太夫を以被召出、御仕着并小者料金弐両小者御扶持方弐人分被
下置候。同十三年正月廿二日御切米六両御扶持方四人分被下置候由大條古監物を以被　仰渡候。右御
仕着并小者料金小者御扶持方ハ其節被召上候。延宝二年二月廿八日ニ各務主計を以御小性組被　仰付、
其以後段々御役目被　仰付天和三年十二月廿一日ニ御小納戸役五嶋織部を以被　仰渡相勤候処ニ、貞
享三年閏三月朔日ニ
御前江被召出御知行拾五貫文被下置旨
御直ニ被　仰付候。同四年十一月父甚兵衛隠居被　仰付、跡式御切米十両御扶持方六人分拙者ニ被下
置進退高ニ被成下度由右甚兵衛奉願候処ニ、願之通同五年二月十日ニ右甚兵衛隠居被　仰付、跡式御

切米御扶持方無御相違拙者進退高ニ被添下置候旨冨田壹岐を以被　仰渡、拙者進退御知行十五貫文御切米拾両御扶持方六人分之高ニ被成下候。元禄四年二月九日ニ御膳番役中地靭負を以被　仰付相勤罷有候。
御朱印ハ于今不奉頂戴候。以上
元禄四年五月廿九日

33 太田久兵衛

一　拙者祖父太田久兵衛儀
駿河大納言様江御奉公仕候処、御改易之節従
公義太田原備前守殿江右久兵衛并妻子共ニ御預リニ罷成、久兵衛嫡子拙者父作兵衛太田原ニ引続御預りにて罷在候内、作兵衛女之兄弟三人有之候。何も太田原ニ一所ニ罷在候処、妹両人者大立目傳右衛門・河野半兵衛江縁組仕御当地江罷下候。姉太田儀作兵衛一所ニ太田原ニ罷在候処ニ、古傳右衛門父大立目与兵衛
義山様相達
御耳候処、其節御国御奥方御上臈頭被遊御尋候付太田相下御奉公可為仕候由、山口内記を以傳右衛門・半兵衛ニ被　仰付、路金等迄被下置傳右衛門迎ニ被　仰付、

義山様御代明暦二年二月太田致同道罷下候段、右内記方江傳右衛門・半兵衛相達候処、則太田儀被召出
御国御奥方御上臈頭被　仰付、御切米五拾切御扶持方六人分被下置御奉公仕候。右太田儀子共所持不
仕候ニ付作兵衛嫡子太田惣太郎右太田養子ニ仕召連罷下、内記を以右惣太郎儀養子ニ仕一所ニ指置養
育仕度段奉願候処、願之通内記を以被　仰付養育仕候。願申上候年月并被　仰渡候年月不承伝候。

義山様御遠行被遊候以後、

御当代右惣太郎成人仕候故部屋住ニ而御番被　仰付被下置度由、太田并親類共奉願候処御番所虎之間大
内備前御番組被　仰付御番相務申候。願申上候年月并被　仰渡候年月御申次不承伝候。延宝五年四月
太田病死仕候付右跡式惣太郎ニ被下置度段、親類共同年五月奉願候処ニ、願之通跡式無御相違御切米
十弐両弐分六人御扶持方被下置之旨被　仰付引続右御番相務申候。月日御申次不承伝候。然処惣太郎
同年八月病死仕候。惣太郎嫡子夘之吉四歳ニ罷成候ニ右跡式被下置夘之吉幼少ニ御座候間、拙者儀右
作兵衛次男夘之吉ニハ伯父ニ御座候。明暦三年太田原より太田所江罷下浪人ニ而罷在候。夘之吉十五
歳訖(迄)拙者ニ御番代被　仰付被下置度旨延宝五年九月親類共奉願候処、願之通被成下由同年十月十三日
柴田中務を以被　仰渡、御番所虎之間遠山因幡御番組ニ而御番相務申候。同六年三月拙者儀御小性組
ニ被召出被下置度段、河野半四郎亡父半兵衛奉願候。然処拙者儀御番代被相除候節者無足ニ罷成候間、
右半兵衛御知行高之内新田三貫文末々被分下御奉公為仕度由半兵衛奉願候。半兵衛儀拙者伯母聟ニ御
座候。同年六月右願之通御小性組ニ被　仰付新田三貫文之所も可被下置候間、重而分渡シ申候節御奉

行衆訖（迄）可申上由黒木上野を以被　仰渡相勤申候。貞享三年四月御切米六両御扶持方四人分別而新規ニ被下置、御物置番被　仰付候旨永井縫殿を以被　仰付候。右夘之吉名改惣助ニ被　仰付候。同五年惣助儀十五歳罷成候付拙者御番代被相除、惣助御番入被　仰付被下置度旨奉願候処、同年九月柴田内蔵を以如願被　仰付候。且又右半兵衛嫡子同苗半四郎御知行高弐拾五貫六百三拾八文之内新田三貫文、先年亡父半兵衛奉願候通拙者ニ被分下置度段半四郎願申上候処ニ、如願被分下旨同月右内蔵を以被仰渡、拙者進退御知行三貫文御切米六両御扶持方四人分之高ニ被成下候。元禄四年二月廿三日御加増被下置、十五貫文之高ニ被成下旨、
御直ニ被　仰付右御切米御扶持方ハ其節被召上候。
御朱印ハ丹今不奉頂戴候。引続御小納戸役相勤罷有候。以上

元禄四年五月廿九日

34　岡本竹安

一　拙者儀亡父岡本竹安次男ニ御座候。
義山様御代親竹安慶安三年十月於江戸ニ病死仕候。竹安御知行高百弐拾貫文之内嫡子同苗吉太夫ニ七拾貫文被下置御小性組被　仰付、残五拾貫文ハ先以被召上末々拙者成長仕候ハヽ、被返下竹安代ニ可被召使之由

御意之段、慶安三年十一月成田杢・戸田喜太夫を以被　仰付、其以後高屋古快安弟子ニ被預置明暦元年名改宗竹ニ右喜太夫を以被　仰付候。月日ハ失念仕候。拙者為医学京都江為相登申度由、寛文三年八月廿一日右快安并同苗吉太夫奉願候処ニ、願之通同四年茂庭中周防・大條古監物を以被　仰付候。月日ハ失念仕候。譲御扶持方五人分被下置六ケ年致在京罷下、以後同九年六月快安品々申上候処、
御当代同年閏十月御切米五両御扶持方五人分被下置、御次医師被　仰付旨右周防・監物を以被　仰渡候。延宝七年八月十三日御近習医師被　仰付、為御加増御切米弐両弐分御扶持方三人分被下置、取合御切米判金壱枚御扶持方八人分之高ニ被成下之旨黒木上野を以被　仰渡候。天和二年八月廿七日
品川様御近習医師被　仰付相勤申候処ニ、元禄二年十一月廿一日
大守様御前江被召出
御直ニ被　仰付候ハ、其方儀
品川様御病気之節御療治御相当被遊、其上只今迄御知行不被下置候付而、
品川様御意を以御知行十五貫文被下置之旨被　仰付候。右御切米御扶持方ハ其節被召上候。丹今
御朱印ハ不奉頂戴候。先祖之儀者先年右吉太夫書上仕候。以上
元禄四年四月七日

35　大堀庄助

一　拙者儀亡父大堀新助四男無進退ニ而罷有候処ニ、御直ニ御見分被遊小性組ニ被召出由ニ而貞享三年二月三日五嶋織部御申次ニ而御前江罷出、夫より引続相詰同年三月十三日御切米三両御扶持方四人分被下置、御国御小性組ニ被　仰付旨右織部を以被仰渡、元禄元年春御供仕江戸江罷登候処、大守様江日光御普請之御手伝被　仰出候付、拙者儀同年十一月九日日光御用之御留等被　仰付旨石母田大膳を以被　仰渡相勤候処、同二年二月十五日於江戸為御加増御切米三両被下置、取合御切米六両御扶持方四人分之高ニ被成下由、中地靭負を以被　仰渡候。同年十一月十六日於日光御前江被召出右御用首尾能相勤候段被　仰立を以被成下御加増、御切米判金壱枚御扶持方拾人分之進退高ニ被成下引続相勤、同年二月廿九日御前江被召出大條理兵衛ニ被差加、公儀向世間向之御用被　仰付、御知行十五貫文被下置右御切米御扶持方ハ被召上候。先年右理兵衛相勤候通玉虫七左衛門並之格ニ被　仰付旨御直ニ被仰出候。御朱印ハ丹今不奉頂戴候。先祖之儀ハ先年右新助書上仕候。以上
元禄四年三月廿六日

36　甲田甚太郎

一　拙者曾祖父甲田新右衛門儀
貞山様御代如何様之品ニ而誰を以被召出候哉、御知行五拾貫文被下置御奉公仕候由承伝候。右新右衛門儀寛永六年十一月病死仕嫡子拙者祖父伊兵衛ニ跡式無御相違被下置、其後新右衛門与名改被　仰付候。
義山様御代寛永十七年八月廿五日祖父新右衛門儀病死仕、跡式無御相違同年十月古内伊賀を以拙者養父甚兵衛ニ被下置候。大御検地之節二割出目被下置六拾貫文之高ニ被成下候
御黒印所持仕候。且又右御知行之内三迫末野村ニ而切添二百九拾五文之所
御当代延宝元年十月廿九日大條古監物を以被下置、都合六拾貫二百九拾五文ニ被成下候。右甚兵衛儀男子無之ニ付弟同苗権兵衛嫡子拙者を赤子より養子ニ仕置、延宝三年
御前不済養子
御目見為仕間敷由被　仰付候処、実子之由申上
御目見為仕及末期養子之由申出、且又甚兵衛儀死後ニ親類共連判を以拙者ニ苗跡被　仰付被下度由願覚書指出候付、御家老衆御吟味之上於江戸ニ柴田中務被遂御披露処、
公儀ニも則閑様之儀有之御改易被　仰付候。甚兵衛儀存命中候ハヽ、急度可被　仰付候得共死亡之事ニ候間跡式被相禿候。拙者儀他之養子等ニも不申合候様ニ可申付候。且又親類共慕候而申上候趣ニ被　思召候間御構無之候。右之旨可申付由

御意之段柴田中務方より申来候間、連判之親類共ニ可申渡由大條古監物・黒木上野・佐々伊賀方より同八年十二月九日三好源内を以進退被相禿候。然処ニ拙者儀桂山様御法事之節右甚兵衛跡式先年被相禿今以可被相立筋ニ無之候得共、右御法事為大赦之被召出御知行十五貫文被下置由、
御意之段貞享二年九月廿九日佐々豊前を以被　仰渡候。同年十月御番入願申上候処、同年十一月十日御番所中之間被　仰付、茂庭下野御番組ニ被相入候由冨田壹岐を以被　仰渡候。貞享二年九月廿九日御日付之
御朱印同五年四月朔日奉頂戴候。以上
元禄四年三月廿九日

37　佐瀬山三郎

一　拙者養高祖父佐瀬伯耆儀天正年中会津盛重没落之時分
御当家江被召出候処、為
貞山様御意会津四天之宿老平田・松本・佐瀬・冨田無隠苗字ニ候由被　仰付、御知行百弐拾貫文被下置御小性頭脇ニ御奉公相勤候由承伝候。其節之御申次不承伝候。何年ニ願申上被　仰付候哉、伯耆儀隠居被　仰付右御知行高之内嫡子養曾祖父佐瀬清右衛門ニ五拾貫文分ケ被下置、右高之内四拾九貫文余

次男佐瀬傳右衛門・三男佐瀬助右衛門両人ニ被分下、残御知行弐拾貫八百弐文伯耆隠居分ニ被下置候
処ニ、右隠居之跡式右清右衛門嫡女ニ片平古五郎兵衛次男九郎助儀御切米御扶持方被下置、定御供之
様ニ御馬廻御奉公十三ケ年相勤罷有候間、壻名跡ニ被成下度由願申上願之通被成下之旨、慶長十四年
ニ被　仰付佐瀬七兵衛与申候。江戸大御番組ニ被相加致勤仕候由承伝候。何程御切米御扶持方被下置
誰を以被　仰付候哉御申次等不承伝候。右清右衛門儀何様之御奉公相勤申候哉、御役目相勤候内屋敷
火事仕其節御大切之御牒共焼失仕候。依之進退被召放候由承伝候。然処ニ清右衛門嫡子養祖父同苗甚
兵衛儀清右衛門右之通被　仰付候付而浪人ニ而御国元ニ罷有候処、天海大僧正江由緒御座候ニ付大僧
正より依願

貞山様御代右甚兵衛ニ御切米御扶持方被下置、御番所虎之間ニ被　仰付御国御番等相勤申候由承伝候。
右進退高并年月御申次共ニ不承伝候。其以後御加増等段々拝領仕御知行高弐拾四貫文余ニ被成下候。
年月御申次等不承伝候。其後江戸御留守御番等相勤候。然処ニ右甚兵衛儀大切(マヽ)ニ相煩申ニ付、其節男
子九助と申候而四歳ニ罷成候子共御座候得共、如何様之存入ニ御座候哉病死候ハヽ、御知行等も指上申
度奉存候。乍去娘持申候間右娘ニ当物成者被下置度旨茂庭古周防を以願申上候得者、右之段

義山様相達
御耳候。右甚兵衛儀正保四年十一月朔日病死仕候。其節御小性組相勤申候庄子作十郎儀甚兵衛壻名跡
ニ被　仰付、右甚兵衛御知行弐拾四貫文余江作十郎ニ被下置候御切米六両四人御扶持方を御知行ニ被

直下高三拾弐貫七百文ニ被成下佐瀬権太夫与申候。権太夫儀明暦元年九月朔日病死仕候付、親類共願申上候ハ、甚兵衛儀病死仕候節右ニ申上候通男子九助与申候而四歳ニ罷成候子共御座候得とも、如何様之存入御座候哉家督ニ願不申上候条、此度右九助今以権太夫跡式奉願候儀遠慮至極ニ奉存候間、義山様御目先次第誰成共権太夫跡式被下置度由願申上候得者、九助儀ハ別而御奉公被　仰付候条、権太夫女共ニ武藤古覺太夫弟市之丞御取合名跡ニ、同年十一月十八日古内古主膳を以右御知行高三拾弐貫七百文無御相違右市之丞ニ被下置候由被　仰渡候。養父佐瀬九助儀同年十二月氏家主水を以御奥小性ニ被召出無進退ニ而御奉公相勤申候処ニ、同二年三月十七日御切米三両四人御扶持方成田杢・氏家主水を以被下置御奉公相勤罷有候処、
義山様御卒去被遊候以後御番所虎之間ニ被　仰付、笠原修理御番組ニ被相入由、
品川様御代万治三年二月廿七日茂庭中周防を以被　仰渡御番相務申候。右清右衛門季女よし儀元和六年
貞山様御奥方江御仕着ニ而被召出御小性御奉公相勤申候。年月御申次不承伝候。
貞山様御卒去被遊候以後
義山様御代直々
天麟院様江御仕着被下、右よし儀被召仕御奉公相務罷有候。其節改名被　仰付佐瀬与申候。
天麟院様御遠行以後右御仕着を御切米ニ被直下弐両壱分銀八匁五分御扶持方四人分下置、其外ニも御賄分迄被下置之旨被　仰付候。年月御申次不承伝候。其以後佐瀬儀尼ニ罷成妙勝与申候。右妙勝儀子共

無御座候付而九助儀甥ニ御座候間養子ニ被成下、妙勝御切米御扶持方江九助進退被添下置度由、御当代右妙勝願申上候処、如願之九助ニ被下来候御切米御扶持方江妙勝進退御取合、御切米五両壱分銀八匁五分八人御扶持方ニ被成下之旨、寛文十二年三月廿七日古内志摩を以被　仰渡候。右妙勝ニ御賄等ハ最前之通ニ被下置本坊主町ニ罷有候処ニ、右坊主町御用地ニ被召上候ニ付九助方江引取可申由被仰付、御作事迄被成下右御賄分も引続被下置候処ニ、妙勝儀天和二年二月病死仕候以後御賄分ハ被召上候。九助儀男子無御座候ニ付拙者儀望月縫殿三男無進退ニ而罷有候処ニ、九助壻養子ニ被成下度由延宝八年閏八月十九日双方并親類共奉願候処ニ、如願之被　仰付之旨同年九月廿九日佐々伊賀を以被仰渡候。私儀無足ニ而江戸御国共ニ御小性組被　仰付被下置度由、九助願申上候処ニ如願之被　仰付之旨天和二年二月廿七日柴田中務を以被　仰渡御小性組相勤申候処、段々御役目被　仰付、元禄二年七月九日於日光御小納戸役被　仰付之旨木幡修理を以被　仰渡候。同三年五月六日於日光御切米金壱枚十人御扶持方新規ニ被下置之旨芝多對馬を以被　仰渡候。当二月廿三日御知行十五貫文被下置之旨御直ニ被　仰付候。其節右御切米判金壱枚十人御扶持方ハ被召上候。

御朱印ハ未奉頂戴候。拙者儀引続御小納戸役相勤罷有候。養父同苗九助儀ハ別而御奉公相勤罷有候。

以上

元禄四年三月廿六日

38　渋川藤蔵

一　拙者儀天野孫太夫次男ニ御座候。赤子より母方之名字渋川を相名乗無進退ニ而罷有候処ニ、寛文十一年三月大町権左衛門・渋川助太夫を以御奥小性ニ被召出御仕着被下置相勤申候処、延宝元年十二月表御小性組ニ被　仰付、御切米六両御扶持方四人分被下置候旨鈴木主税を以被　仰渡候。其節右御仕着ハ被召上候。天和三年二月七日
御前江被召出
御直ニ被　仰付候。
桂山様江被相付候旨
桂山様御他界以後貞享三年七月十二日佐々伊賀・冨田壹岐を以御小性組ニ被召出相勤罷有候処、同四年九月九日橋本刑部・木幡修理を以御膳番被　仰付候。元禄四年二月廿三日
御前江被召出御知行十五貫文被下置旨
御直ニ被　仰付候。其節右御切米御扶持方ハ被召上候。
御朱印ハ丹今不奉頂戴候。先祖之儀ハ先年右孫太夫書上仕候。以上
元禄四年三月晦日

39　馬渕次郎右衛門

一　拙者儀亡父馬渕隼人次男無進退ニ而罷有候処、
義山様御代正保三年三月三日成田杢を以御小性組ニ被召出、慶安二年極月御切米三両御扶持方四人分右
杢を以被下置候。拙者親隼人取立申新田起目十貫四百三拾弐文之所拙者ニ被下置度由、
品川様御代茂庭中周防を以右隼人奉願候処、万治三年二月願之通被成下候。御申次ハ失念仕候。
御当代寛文二年六月御家中御知行取衆之内御切米御扶持方持添之衆何も御知行ニ被直下候節、拙者右御
切米御扶持方御知行三貫五百拾四文ニ被直下取合十三貫九百四拾六文之高ニ被成下候処ニ、延宝五年
六月二日ニ進退被召放、天和二年極月十五日ニ御赦免被成下、本御知行高之通無御相違佐々伊賀を以
被下置候。同二年正月御番入奉願候処、同二年御番所虎之間被　仰付西大條駿河組ニ被相入旨黒木上
野を以被　仰渡候。天和三年八月日与御座候
御朱印貞享元年二月十五日ニ奉頂戴候。先祖之儀ハ馬渕孫左衛門先年二左衛門与申節書上仕候。拙者
儀当時郷六御屋敷守相勤罷有候。以上

元禄四年三月廿八日

40　佐藤清次郎

一　拙者先祖何方浪人ニ御座候哉名取郡秋保ニ住居仕候由承伝候。祖父佐藤右近儀

貞山様御代笹岡与兵衛手前御不断組ニ被召出、御切米御扶持方被下置御奉公仕候処、不調法有之進退被
召上候由承伝候。御申次進退高年月相知不申候。父佐藤弥右衛門儀無進退ニ而罷有候処、
義山様御代寛永十七年横尾伊勢手前御不断組ニ被召出、御切米弐切銀十弐匁八分御扶持方三人分被下置
候。月日御申次相知不申候。同二十年御作事方御用上野古権太夫を以被　仰付相勤、
御当代寛文元年五月右組御免被成下、別而御切米四両御扶持方四人分被下置、木村古久馬御番組御広間
被　仰付御作事方目付役相勤可申旨、柴田外記を以被　仰渡候。同六年十二月五日右御用首尾能相勤
御徳分多有之由被　仰立、御知行十貫文被下置之段古内志摩を以被　仰渡候。同年十二月五日御日付
之
御黒印所持仕候。同十二年依病気右役目御免被成下由願申上候処、如願御免被成下候。然処ニ同年御
材木奉行被　仰付延宝二年依病気奉願右役御免被成下候。同四年六月罪有之進退被召放石川大和殿江
被相預候処、天和三年六月三日御赦免被成下同月十一日被召出、御知行五貫文被下置由柴田中務を以
被　仰渡候。同年御番入願申上候処御番所御広間大町備前組ニ被　仰付旨、同九月廿六日佐々伊賀を
以被　仰渡候。天和三年八月日与御座候
御朱印所持仕候。貞享元年右弥右衛門儀御作事本〆（締）加勢被　仰付相勤申候処、同三年閏三月五日御加
増之地五貫文被下置、都合十貫文之御知行高ニ被成下旨佐々豊前を以被　仰渡候。弥右衛門儀老衰仕
候ニ付、右御役目御赦免被成下度由元禄三年九月願申上候処、如願御免被成下旨松林仲左衛門を以被

仰渡候。同十月隠居被　仰付嫡子拙者ニ跡式被下置度旨右弥右衛門并親類共奉願候処、跡式無御相違被下置旨同月廿三日冨田壹岐を以被　仰渡候。同月廿五日御番入奉願候処、御番所御広間大町備前組ニ被　仰付旨津田民部を以被　仰渡候。
御朱印ハ丹今不奉頂戴候。拙者儀元禄元年五月廿六日部屋住之節より御代々之御記録御用被　仰付於丹今相務申候。以上
元禄四年三月廿九日

41　小和田宇兵衛

一　拙者儀亡父小和田弥平次二男無進退ニ而罷有候処、延宝五年六月品川様御奥小性ニ小梁川修理を以被召出、為御合力金六両御扶持方四人分右同人を以被下置相勤申候処ニ天和三年三月御奥小性御免、表御小性組被　仰付右御合力金六両御扶持方四人分本進退ニ被成下之旨、
品川様御家老瀬上淡路を以被　仰渡候而定詰仕相勤罷有候処ニ、貞享元年四月十三日品川御屋敷江大守様被為　入候節、
御前江被召出幼少之節より神妙ニ御奉公仕候ニ付而御知行被下置度由、
品川様被遊

御意候間御知行十貫文被下置之旨、
大守様御直ニ被　仰付拝領仕候。右御切米御扶持方ハ其節被召上候。貞享元年四月十三日与御座候
御朱印貞享二年四月十六日奉頂戴候。元禄元年八月
品川様御前江被召出御物書番御役目被　仰付、引続定詰ニ而相勤罷有候。先祖之儀者亡父同苗弥平次先年書上仕候。以上
元禄四年四月廿九日

42　相原五平次

一　拙者養先祖国分浪人ニ而養祖父相原次兵衛如何様之品ニ而被召出候哉、御給主組ニ被召出御奉公相勤罷有候処、右次兵衛嫡子同苗五左衛門儀大浪對馬組御給主ニ被召出候。右両人誰様御代被召出候哉進退高并年月御申次共ニ不承伝候。右五左衛門儀嗣子無之付拙者儀葛西浪人日下茂左衛門次男ニ御座候処ニ、右五左衛門養子家督ニ被成下度由、
御当代寛文元年ニ其節之御給主奉行里見十左衛門方江右五左衛門并双方之親類共奉願候処、如願被　仰付旨同年十二月右十左衛門を以被　仰渡候。同三年ニ養父五左衛門儀隠居被　仰付、拙者ニ家督被下置度段五左衛門奉願候処ニ、如願被　仰付由同三年六月廿日右十左衛門を以被　仰渡、御切米三切銀四匁八分御扶持方三人分無御相違拙者ニ被下、御給主之御奉公相務罷有候処ニ同五年正月其節之御割

奉行堀越古甚兵衛・柳生古権右衛門江相達御割屋江加勢ニ罷出候処ニ、同六年六月御割衆本人ニ被召加、同七年五月十七日御切米壱両御扶持方四人分新規被下置、御給主組之御切米御扶持方被召上之旨和田古織部を以被　仰渡候。同年御番入被　仰付被下度旨其節之御割奉行柳生權右衛門・松林仲左衛門奉願候処ニ、御番所御広間笠原出雲御番組ニ被　仰付候。月日御申次失念仕候。同九年閏十月廿二日御切米弐切御加増被下置旨田村圖書を以被　仰渡、御切米壱両弐分御扶持方四人分之高ニ被成下、同十一年十一月廿七日ニ御切米弐切御加増被下置旨右圖書を以被　仰渡、御切米弐両御扶持方四人分之高ニ被成下引続相勤罷有候処ニ、延宝五年六月十日屋代五郎左衛門手前物書役右圖書を以被　仰渡、御割衆被除候。同六年九月十日御割屋統取役目武田伊右衛門を以被　仰渡、同年ニ御加増被成下御番所上(ママ)被下度旨御割奉行永嶋七兵衛・岩渕茂兵衛奉願候処ニ、同年十一月十六日御切米壱両御扶持方三人分御加増被下置御切米三両御扶持方七人分之高ニ被成下、御番所御次之間被　仰付之旨、黒木上野を以被　仰渡同八年四月朔日御切米弐両御加増被下置、御切米五両御扶持方七人分之高ニ被成下旨、右上野を以被　仰渡同年四月四日統取役御免被成下、考(ママ)役目相勤可申旨和田半之助を以被　仰渡相勤罷有候処ニ、天和三年十一月十七日ニ御割屋統取役目兼役ニ相務可申旨、松林仲左衛門を以被　仰渡相務罷有候処ニ、貞享元年六月廿七日於江戸
御座之間江被召出、兼而御奉公精入仕候段被
聞召上候。依之御知行十貫文被下置旨

御直ニ被　仰出拝領仕候。其節右御切米御扶持方ハ被召上候。貞享元年六月廿七日御日付之
御朱印同弐年五月廿八日奉頂戴候。日光御普請方御勘定御用ニ付拙者儀当時江戸ニ相詰罷有候。以上
元禄四年五月廿九日

43　佐藤茂左衛門

一　拙者祖父佐藤小左衛門会津浪人にて御下中江罷越罷有候処、右小左衛門妻
要山様御乳ニ被召出候御奉公之御因を以嫡子茂右衛門儀御徒衆ニ被召出、新規ニ御切米壱両弐分御扶持
方四人分被下置候。年月御申次不承伝候。正保二年
要山様御遠行御死骸御供仕江戸より罷下候以後、御徒組御免御番所御広間被　仰付、古田内匠御番組ニ
被　仰渡候。年月御申次不承伝候。慶安三年五月右茂右衛門病死仕候付、嫡子拙者五歳ニ罷成候ニ跡
式被下置度由、同年六月七日ニ親類共奉願候処、同年十二月十三日跡式無御相違御切米壱両弐分御扶
持方四人分古内古主膳を以被下置候。明暦二年五月
義山様御代
品川様御部屋住御奥小性被　仰付旨、右主膳を以被　仰渡御奉公仕候。明暦三年十一月廿三日成田杢を
以為御加増御切米壱両弐分被下置、御切米三両四人御扶持方ニ被成下候。
御当代寛文元年四月十日御小性組被　仰付為御加増御切米三両被下置、御切米高六両四人御扶持方ニ被

成下之旨柴田外記を以被　仰渡候。寛文二年御小性組御免御国元江罷下同年御番入奉願候処、同三年
ニ御番所虎之間被　仰付遠山勘解由組ニ被相入之由冨塚内蔵丞を以被　仰渡候。月日失念仕候。延宝
八年霜月黒木上野を以定御供被　仰付、貞享二年六月十八日名取郡秋保江御川猟ニ
御出駕被遊候節、拙者儀御鵜ノ御用首尾能相勤申段被遊　御褒美、
御直ニ御知行十貫文被下置候。其節右御切米御扶持方ハ被召上候。貞享二年六月十八日御日付之
御朱印同五年四月朔日奉頂戴候。当時定御供御奉公仕候。以上

元禄四年四月十六日

44　山路善左衛門

一　拙者先祖伊達御譜代之由承伝候得共、
誰様御代ニ拙者先祖誰如何様之御奉公ニ而何程之進退被下置候哉其品不承伝候。高祖父山路次郎右衛門
儀
直山様江御奉公仕祖父同氏次郎右衛門代迄御奉公奉勤仕、伊達之内飯野と申所ニ而御知行拝領之由承伝
候。
保山様御代右次郎右衛門進退断絶仕浪人ニ罷成伊達ニ罷在候由承伝候。右次郎右衛門嫡子山路次左衛門
貞山様御代元和元年五月笹岡備後支配御不断組ニ被召出、御切米壱両御扶持方三人分被下置由承伝候。

如何様之品ニ而被召出候哉其品不承伝候。同八年二月より御屋敷方御用相勤、
義山様御代寛永十六年より
天麟院様御作事御用同十九年迄相務申候。右次左衛門一子同氏半之丞儀
要山様御部屋住之節御大所衆ニ被相付、別而進退被下置御奉公相勤申候故右次左衛門儀嗣子無之ニ付、
次左衛門弟同氏左馬之丞儀浪人ニ而罷有候、左馬之丞四男拙者儀次左衛門ニハ甥ニ御座候ニ付養子ニ
仕指置候。正保元年七月右次左衛門病死仕候ニ付而跡式右御切米御扶持方拙者ニ被下置度段、同年八
月其節之御不断頭中村八郎右衛門方迄親類共願差出候処、同月廿五日願之通跡式無御相違拙者ニ被下
置旨右八郎右衛門を以被　仰渡候。拙者儀正保三年十一月十五日御大所衆ニ被召出御組御免被成下、
新規御切米壱両御扶持方四人分被下置之旨、山口内記を以被　仰渡右御組付之進退ハ其節被召上候。
明暦二年十月十五日為御加増御切米壱両被下置、取合御切米弐両御扶持方四人分ニ被成下之旨成田杢
を以被　仰渡候。
御当代寛文八年七月十日御切米御加増弐切被下置、御切米弐両弐分四人御扶持方ニ被成下旨渡邊金兵衛
を以被　仰渡候。天和元年十月廿七日御切米御加増弐切被下置、御切米三両四人御扶持方ニ被成下旨
古内造酒祐を以被　仰渡候。同年十一月六日御大所組頭役被　仰付、為御加増御切米壱両被下置御切
米四両御扶持方四人分ニ被成下旨望月縫殿を以被　仰渡候。同三年十一月十一日御大所番頭被　仰付、
為御役料御切米壱両三人御扶持方被下置旨各務因幡を以被　仰渡候。右本進退取合御切米五両七人御

扶持方ニ被成下候。貞享三年三月十三日右御役料ハ被召上、御切米六両御扶持方八人分之高ニ被成下旨五嶋織部を以被　仰渡候。同四年十月十日
御前江被召出御知行十貫文被下置候。右御切米御扶持方ハ其節被召上候。
御朱印ハ丹今不奉頂戴候。以上

元禄四年四月九日

45　渡邊六兵衛

一　拙者亡父渡邊藤八郎儀二本松浪人ニ御座候。拙者儀藤八郎一子ニ御座候。十九歳ニ而承応三年七月御当地江罷下従弟齊（ママ）藤外記相憑罷在候処、江戸御勘定所加勢ニ罷出度与其節之御勘定頭湯村孫左衛門を以、万治二年六月
品川様御代右加勢御用ニ罷出候処同年十一月御勘定衆ニ被召出、御切米壱両弐分御扶持方四人分被下置候旨眞山刑部を以被　仰渡候。

御当代寛文元年十月為御加増御切米弐切被下置候。御申次失念仕候。御切米弐両御扶持方四人分之高ニ被成下候。同三年十一月御扶持方三人分御加増被下置旨木村古久馬を以被　仰渡、御切米弐両御扶持方七人分之高ニ被成下候。同五年十月為御加増御切米壱両被下置候旨和田半之助を以被　仰渡、取合御切米三両御扶持方七人分ニ被成下候。延宝三年七月田村圖書を以統取役被　仰付候。同年九月為御

加増御切米弐両被下置候旨右圖書を以被　仰渡御切米五両御扶持方七人分之高ニ被成下候。同四年御番入奉願候処ニ御番所御次之間石川次郎左衛門御番組ニ被　仰付候旨、同年四月柴田中務を以被　仰渡候。同七年十月統取役御免、考（ママ）御役目小梁川修理を以被　仰付候。天和四年正月より御羽書御用被仰付、貞享四年まで相勤申候。同年極月於御城御知行十貫文被下置候旨柴田内蔵を以被　仰渡候。右御切米御扶持方ハ其節被召上候。御朱印ハ丹今不奉頂戴候。拙者儀当時日光御普請御手伝方御勘定御用ニ付、江戸ニ相詰罷有候。以上

元禄四年四月十八日

46　小荒井伊右衛門

一　拙者儀亡父小荒井伊兵衛次男ニ御座候。右伊兵衛儀御知行八貫五百六拾七文御番所虎之間御国御番相勤罷有候処、義山様御代承応二年京極丹後守様御奥様江被相付候ニ付、嫡子同苗甚兵衛虎之助と申候節右御知行高之通被下置、伊兵衛ニ者江戸ニ而弐百五拾石被下置之旨茂庭中周防を以被　仰渡候。月日ハ相知不申候。伊兵衛儀丹後守様御奥様御遠行被遊候故御国江被相下、明暦二年四月三日御切米五両御扶持方五人分被下置旨古内故主膳を以被　仰渡候。万治二年五月右伊兵衛病死仕候ニ付跡式拙者ニ被下置度由、品川様御代同年親類共奉願候。月日ハ失念仕候。願之通跡式無御相違拙者ニ被下置、御番所虎之間遠山

勘解由御番組ニ被相入旨同年九月廿日右周防を以被　仰渡候。
御当代寛文三年
品川様御小性組ニ被　仰付之旨柴田外記を以被　仰渡候。月日ハ失念仕候。同五年より右御小性組相勤
申候処ニ色々御役目被　仰付奉勤仕候。天和弐年八月廿八日御膳番被　仰付之由石田十郎左衛門を以
被　仰渡相勤申候処ニ、元禄三年十一月十三日
品川様御前江被召出数年御奉公仕其上御膳番被　仰付候処、首尾能相勤候ニ付而御知行十貫文被下置之
旨
御直ニ被　仰付候。右御切米御扶持方ハ其節被召上候。
御朱印ハ丹今不奉頂戴候。先祖之儀者右兄甚兵衛先年書上仕候。以上
元禄四年五月廿五日

47　下村七右衛門

一　拙者儀亡父下村友三五男無進退ニ而罷有候処、兄同苗助之進儀
品川様御祐筆被　仰付、品川御屋敷ニ定詰仕罷有候ニ付拙者儀助之進所ニ罷有候。無進退にて被召仕可
被下置由、為
品川様御意寛文六年六月朔日

品川様其節之御家老大町古備前を以被召出、則御手水番被　仰付四箇年無進退ニ而御奉公相勤申候処、同九年十一月御切米四両御扶持方四人分被下置之旨柴田外記を以被　仰渡候。引続御奉公仕候処元禄二年正月御物置番米倉清太夫を以被　仰付奉勤仕候。同三年十一月十三日品川様御前江被召出数年御奉公首尾能相勤申候段被　仰立を以、御知行十貫文被下置之旨御直ニ被　仰付候。右御切米御扶持方ハ其節被召上候。御朱印ハ丹今不奉頂戴候。拙者儀引続御物置番相務罷有候。先祖之儀者同苗当友三先年書上仕候。以上

元禄四年五月廿九日

元禄四年五月日

三之牒

48　鈴木左吉

一　拙者先祖鈴木常陸儀所生紀伊国藤城ニ罷在候処、正応年中
亀山院三之宮様奥州黒川郡江御下向之節御供仕罷下候由承伝候。拙者高祖父鈴木帯刀訖(迄)黒川郡ニ住居仕
由承伝候。然処天正年中黒川郡者
貞山様御領地ニ罷成候由、其節米沢ゟ名取郡北目村江
御出馬之砌茂庭石見・遠藤文七郎を以被　仰付候ハ、今後(ママ)賀美郡之内宮崎之城御責被成候間右帯刀ニ
御案内可仕由、
御意を以御供仕宮崎ニ而討死仕候。
貞山様岩出山江御帰陣以後右帯刀子孫被遊　御尋、嫡子鈴木彦次郎四歳ニ而被召出
御目見被　仰付、其上鈴木之惣領帯刀嫡子ニ候由被　仰立を以右彦次郎ニ御知行高八貫文被下置候。
旦亦御番所中之間被　仰付由年月御申次等者不承伝候。右彦次郎病死跡式彦次郎嫡子同苗傳左衛門ニ

被下置候。願申上候年月并被仰渡候年月御申次共ニ不承伝候。
義山様御代惣御検地之砌二割出目被下置九貫六百文之高ニ被成下候。寛永廿一年八月十四日御日付之
御黒印取持仕候。
御同代慶安年中右傳左衛門儀子共所持不仕候ニ付、彦次郎弟鈴木故新兵衛嫡女養子ニ仕遠山五郎兵衛嫡
子拙者親同氏休三郎を聟養子ニ被成下度由、双方願申上候処如願被　仰付候由承伝候。願申上候年月
并被仰渡候年月御申次不承伝候。右傳左衛門儀明暦三年三月病死仕候付、跡式御番所共ニ父右久三郎（ママ）
ニ被下置度由親類共願申上候処、如願被　仰付旨同年六月奥山大学を以被　仰渡候。願申上候月日不
承伝候。
御当代寛文元年十一月十六日御日付之
御黒印所持仕候。其以後休三郎名改傳左衛門と被　仰付候。年月御申次不承伝候。天和三年八月与御
座候
御朱印所持仕候。親傳左衛門儀貞享弐年四月遂電仕候ニ付而、同年十月十六日ニ和田新九郎・菊池三
郎右衛門を以右進退者被相禿、祖母ニ右御知行高之通無御相違被下置、拙者を養子ニ仕鈴木之苗字為
名乗御奉公可為仕旨被　仰付候。依之祖母ニ被下置候御知行高九貫六百文之所右傳左衛門嫡子拙者ニ
被下置、御番入被　仰付被下置度旨同年十一月廿六日ニ祖母奉願候処、願之通拙者ニ被下置御番所中
之間茂庭大隅御番組ニ被　仰付旨同年十二月十日冨田壹岐を以被　仰渡候。貞享二年十二月十日御日

付之
御朱印同五年四月朔日ニ奉頂戴候。以上
元禄四年三月廿六日

49　加藤吉太夫

一拙者儀亡父加藤十三郎次男無進退ニ而罷在候処、兄同氏十三郎御知行高五拾九貫八百壱文之内九貫文之所拙者ニ被分下度由天和二年三月五日兄十三郎奉願候処、同月十六日ニ願之通被成下旨柴田中務を以被　仰渡候。拙者儀御番外並ニ而罷在候ニ付、相応之御番所被　仰付被下置度旨同月廿七日ニ奉願候処、同年五月十一日ニ御番所中之間遠藤内匠御番組ニ被　仰付旨佐々伊賀を以被　仰渡候。同三年三月十六日ニ江戸御留主御宮仕役被　仰付、丹今大町権太夫御番組ニ而罷在候。且亦天和三年八月日与御座候
御朱印貞享元年二月奉頂戴候。其以後宮城郡森郷ニ除屋敷壱軒先年西方四郎左衛門拝領所持仕候を拙者ニ相譲申度由、品々同五年二月廿五日右四郎左衛門・拙者願申上候処、願之通同年五月九日ニ松林仲左衛門・但木惣左衛門を以被　仰渡所持仕候付而、右除屋鋪江御竿被相入御知行高ニ被結下度由元禄元年霜月十一日ニ奉願候処、同二年二月御竿相入起目代高五百三拾壱文之所御知行高ニ被成下旨同年六月六日ニ冨田壱岐を以被　仰渡候。拙者御知行九貫五百三拾壱文之高被成下候。右高之

御朱印者丹今不奉頂戴候。先祖之儀ハ兄同苗十三郎先年書上仕候。以上

元禄四年三月十六日

50 猪苗代斎三郎

一　拙者儀猪苗代長門次男無進退ニ而罷在候処、右長門御知行高四拾四貫八百五文之内八貫八百五文拙者ニ被分下被召出度由延宝九年六月右長門奉願候処、願之通被分下御番所虎之間黒木上野御番組ニ被相入旨同年九月朔日右上野を以被　仰渡候。天和三年八月日と御座候御朱印同四年二月廿五日ニ奉頂戴候。拙者儀御呼懸ニ被　仰付被下置度由、天和元年十月長門奉願候処、二番座御呼懸ニ被　仰付旨同年十一月廿五日佐々伊賀を以被　仰渡候。先祖之儀者先年右長門書上仕候。以上

元禄四年三月十八日

51 熊田勘兵衛

一　拙者祖父道家源右衛門儀池田三左衛門様江御奉公仕候。然処貞山様御代義山様江孝勝院様御輿入之時分、母方之苗字相改熊田源右衛門と申嫡子同苗治兵衛儀も源右

衛門同前ニ御供仕御家中江罷越候処、源右衛門ニ御切米二十両御扶持方拾人分被下置候。右熊田治兵衛ニ者御切米十両御扶持方十人分別而被下置、治兵衛跡式道家源左衛門相続仕候。亡父市兵衛儀右源右衛門次男ニ御座候処、部屋住ニ而九歳ゟ
孝勝院様ニ而被召仕、十壱歳より
虎千代様江被相附候処、
虎千代様御遠行以後
義山様江御小性組ニ被召出候処、右源右衛門寛永十三年八月病死仕候。
義山様御代右跡式次男市兵衛ニ無御相違御切米弐拾両御扶持方十人分被下置、右御奉公相勤候由ニ御座候。年月御申次不承伝候。慶安四年十一月廿三日ニ御知行三拾五貫文被下置旨成田杢を以被　仰渡候由承伝候。右御切米御扶持方者其節被召上候。慶安四年十二月八日御日付ニ而市兵衛ニ被下置候御黒印所持仕候。市兵衛儀寛文十二年二月三日ニ自害仕候付跡式被相禿之旨、
御当代同月油井善助を以被　仰付候。右市兵衛嫡子拙者儀九ヶ年浪人ニ而罷在候付被召出被下度旨延宝七年四月親類共奉願候処、御知行八貫七百五拾文被下置被召出旨同年七月廿五日佐々伊賀を以被　仰渡、延宝八年三月十三日ニ御番入願申上候処、天和二年三月十六日ニ黒木上野を以御番所中之間被仰付佐々伊賀御番組ニ被相入候。天和三年八月日と御座候
御朱印同四年二月廿五日ニ奉頂戴候。拙者儀延宝七年七月被召出候間、其節之御改ニ先祖書指上可申

処御触承知不仕候故只今如斯ニ御座候。已上

元禄四年四月十五日

52 佐藤甚之丞

一 拙者先祖

御先祖誰様御代先祖誰被召出候哉、祖父佐藤源兵衛代より御奉公仕候哉、右源兵衛儀御名懸組ニ而御切米弐切銀四匁八分御扶持方三人分被下置、御奉公仕来候由承伝候。年月并祖父以前之儀者不承伝候。右源兵衛嫡子伊左衛門儀部屋住ニ而罷在候内、

義山様御代承応二年二月成田杢を以御大所衆ニ被召出、別而御切米壱両御扶持方四人分被下置相勤罷在候。且亦右源兵衛儀引続御名懸御奉公相務罷有候処、年罷寄御奉公相勤兼且亦右伊左衛門外子共所持不仕候ニ付、其節之御名懸頭白石太郎兵衛へ品々源兵衛願申達、源兵衛組進退共ニ指上相除申候由及承候。右伊左衛門儀引続

御当代迄御大所衆ニ而相勤、寛文元年ニ為御加増御切米弐切被下置候。以後延宝元年ニ御切米為御加増弐切被下置、取合御切米弐両御扶持方四人分之高ニ被成下候。右両度御加増被下置候月日御申次等不承伝候。天和二年十月於江戸御大所組頭被　仰付、其上為御加増御切米二両被下置取合御切米四両御扶持方四人分ニ被成下候。御申次不承伝候。貞享元年十月御切米壱両御扶持方壱人分御加増被下置五

両五人分之高ニ被成下候。御申次不承伝候。同三年三月御知行八貫文被下置候。御申次不承伝候。右御切米御扶持方者其節被召上候。右伊左衛門同四年極月病死仕候付、嫡子拙者ニ跡式被下置度旨元禄元年正月親類共願申上候処ニ、願之通無御相違拙者ニ被下置出入司衆支配ニ被　仰付候旨、同年三月十日長沼玄蕃を以被　仰渡候。同弐年八月御番入願申上候処、御番所御広間佐藤杢御番組ニ被相入之由同年十月三日冨田壹岐を以被　仰渡候。
御朱印者丹今不奉頂戴候。以上
元禄四年三月廿九日

53　伊藤久太郎

一　拙者先祖葛西譜代ニ而祖父伊藤杢助代迄知行高拾五貫文に而奉公仕候由承伝候。葛西没落以後浪人ニ而罷在候処ニ、右杢助儀如何様之品ニ而被召出候哉、貞山様御代御知行四貫五百弐拾六文被下置御大工脇棟梁ニ被召出候由承伝候。右年月御申次不承伝候。杢助儀寛永拾九年二月病死仕候ニ付、義山様御代右跡式拙者亡父杢衛門《(ママ)》ニ被下置度由同年親類共奉願候処、同年願之通跡式被下置右脇棟梁役御免被成下御作事方御積横目被仰付、苗字御免被成下伊藤杢右衛門ニ罷成候由承伝候。右御申次不承伝候。

御同代寛永弐拾年大御検地之節弐割出目九百文被下置御知行五貫四百弐拾六文之高ニ被成下由、同弐拾壱年八月十四日冨塚内蔵丞・奥山大学・山口内記・和田因幡御書付を以被下置候。

御当代亡父伊藤杢右衛門儀御積御用江戸御国共数年首尾好相勤申ニ付、御作事方支配御免御番外ニ被成下旨、寛文六年十一月三日鴇田淡路・和田半之助・田村圖書・内馬場蔵人御書付を以、其節之御作事奉行佐瀬市之允・横沢傳左衛門・青田彦左衛門・徳江仲右衛門ニ被　仰渡候。杢右衛門儀天和元年十二月病死仕候ニ付、右跡式嫡子拙者ニ被下置度由同弐年正月廿八日親類共奉願候処、同年七月十五日願之通跡式無御相違拙者ニ被下置之旨川村孫兵衛を以　被仰渡候。天和三年八月日と御座候御朱印貞享弐年六月四日ニ奉頂戴候。拙者儀男子所持不仕候ニ付森田正左衛門次男権十郎聟養子ニ被成下、右正左衛門御知行高三拾三貫百四拾弐文之内弐貫文拙者ニ被分下度段、貞享四年十二月廿六日双方并親類共奉願候処、願之通被成下旨同月廿九日柴田内蔵を以被仰渡候。御知行七貫四百弐拾六文之高ニ被成下候。右高之御朱印者丹今不奉頂戴候。拙者儀出入司衆支配御番外ニ而罷在候ニ付、貞享五年五月三日御番入奉願候処、御番所御広間茂庭下野御番組ニ被　仰付候旨、当月十四日遠山帯刀を以被　仰渡候。当時御屏風方御用相勤罷在候。以上

元禄四年五月廿九日

54　赤坂甚左衛門

一　拙者祖父赤坂玄蕃儀白川浪人ニ御座候処、
貞山様御代如何様之品ニ而被召出候哉、十人御扶持方被下置御大所御賄御用相勤申由承伝候。被召出候
年月御申次共ニ不承伝候。
御同代拙者亡父赤坂主馬儀部屋住ニ而御仕着并御扶持方被下置、御小性組ニ被召仕御奉公相勤申候内御
膳番被　仰付、御知行三拾貫文被下置右御扶持方御仕着ハ被召上候。右御仕着御扶持方之高并御知行
被下置候年月御申次共ニ不承伝候。右玄蕃儀家督相続之子共無之ニ付、病死之節右御扶持方被召上候
由承伝候。死去之年月不承伝候。
義山様御代寛永拾六年御竿初ニ而惣御検地被相入節二割出目被下置三拾六貫文ニ被成下候。寛永二十一
年八月十四日御日付ニ而右主馬ニ被下置候
御黒印致所持候。其以後名改被　仰付玄蕃ニ罷成御目付役被　仰付相勤申候。右玄蕃明暦弐年三月病
死跡式無御相違同年四月三日山口内記を以嫡子拙者ニ被下置御小性組ニ被召仕御奉公仕候。右跡式被
下置候儀ハ親類共願を以被下置候哉、其品ハ幼少之時分故覚無御座候。明暦二年四月三日御日付之
御黒印奉頂戴候。
品川様御代ニも引続御小性組ニ被召仕候処、
御当代万治三年極月進退被召放　御城下一日路(カ)遠ニ可罷在由被　仰付親類在所ニ罷在候処、従

品川様御免被成下度段被
仰進候付、天和元年九月十八日御知行七貫弐百文被下置被召出旨佐々伊賀を以氏家養安ニ被　仰渡、
同月廿五日右伊賀を以御番所御広間被　仰付、当時佐藤杢御番組ニ而御穀留御用相務申候。天和三年
八月日と御座候
御朱印同四年二月廿五日ニ奉頂戴候。以上
元禄四年三月廿二日

55 斎藤権六郎

一　拙者亡父斎藤権左衛門儀伊達浪人ニ而罷在候由及承候。伊達兵部殿江罷出知行十五貫文被下奉公仕候。
寛文十一年四月伊達市正殿小笠原遠江守殿江御預ニ付、右権左衛門豊前之小倉江供仕候。其節兵部殿
元家来江寛文十二年六月御知行被下置候砌、権左衛門姑・妻・私ニ御新田六貫七百文大松澤彦左衛門
を以被下置、権左衛門儀於小倉ニ天和元年十二月病死仕候付而、姑・妻・私ニ被下置候御知行権左衛
門嫡子拙者ニ被下置度段、天和二年七月四日親類共奉願候処本地六貫七百文新規ニ被下置、御番所御
次之間石田孫市御番組ニ被　仰付旨、同年十一月十一日柴田但馬を以被　仰渡候。天和三年八月日与
御座候
御朱印貞享元年二月廿九日ニ奉頂戴候。以上

元禄四年三月廿五日

56　只野助之丞

一　拙者儀亡父只野伊賀四男無進退ニ而罷在候。兄只野圖書御知行高百六貫六百七文之内六貫六百七文之所拙者ニ被分下被召出度由延宝六年ニ右圖書奉願候処、願之通被分下石田孫市組御番所御次之間被仰付旨、同七年四月晦日佐々伊賀を以被　仰付候。天和三年八月日と御座候御朱印貞享二年六月四日ニ奉頂戴候。先祖之儀ハ先年右圖書書上仕候。右之通分地被成下候節先祖書御改之時分ニ御座候得共、其節心付不申書上不仕候付此度如斯御座候。以上

元禄四年三月廿二日

57　袋次郎三郎

一　拙者養祖父袋太左衛門儀元来葛西浪人ニ御座候処、貞山様御代御切米御扶持方ニ而御徒御奉公ニ被召出之由ニ御座候。御切米御扶持方之高并年月不承伝候。義山様御代迄右太左衛門儀御徒御奉公引続相勤其以後御役目付被　仰付候。右御役目相務申候内寛永年中ニ御知行拾貫文并四人御扶持方被下置候。先祖之領地被及聞召、右拾貫文之内五貫文ハ栗原郡二迫之内鶯沢袋村ニ而御割被下置之由承伝候。

寛永廿一年八月十四日御日付之
御黒印所持仕候。其以後正保年中新田起目高為御加増拾壱貫三百三拾文被下置、都合弐拾壱貫三百三
拾貫文并右四人御扶持方共ニ被下置候。正保三年六月廿三日御日付之
御黒印所持仕候。御番所御次之間被　仰付御国御番相務申候。何年ニ御徒目付御免被成下御番入被　仰
付候哉其段承伝不申候。右養祖父太左衛門明暦弐年九月病死仕候。右太左衛門儀子共所持不仕候ニ付
太左衛門兄袋五兵衛子共万吉養子ニ仕候由承伝候。右万吉ニ家督無御相違被下置之由、同年霜月成田
杢を以被　仰渡候節、右万吉儀太左衛門と改名被　仰付御国御番相勤申候処、
品川様御代右太左衛門儀万治二年霜月病死仕候処、男子所持不仕女子一人御座候ニ付、誰そ御取合被成
下苗跡ニ被　仰付被下置度由右太左衛門親類奉願候。
義山様御代拙者儀承応元年十一歳ニ罷成候節、於江戸北十太夫所ニ稽古罷有之時分、子方仕候段
品川様御部屋住之時分相達
御耳、小野清太夫ニ召連可罷出由大條兵庫を以被　仰付、右清太夫召連罷出
御目見被　仰付候。同三年之頃御合力十両六人御扶持方被下置御小性組御奉公相勤申候。誰を以右之
段被　仰付御合力等被下置候哉、其節拙者儀幼少ニ御座候故覚無御座候。
品川様御代拙者儀袋太左衛門婿苗跡ニ被　仰付、右太左衛門御知行高弐拾壱貫三百三拾文并四人御扶持
方兼而拙者ニ被下置候御合力十両六人御扶持方御知行ニ被直下、都合三拾弐貫八百三拾文ニ被成下之

段万治三年正月七日冨塚内蔵丞を以被　仰付候。
御当代拙者儀同年極月進退被召放三人御扶持方被下置、油井善右衛門・油井善助・油井八太夫代迄被相
　預候処、御免被成下度段、従
品川様被　仰進候付被召出御知行六貫五百六十六文被下置旨、天和元年九月十八日佐々伊賀を以油井八
太夫ニ被　仰渡候。同月廿五日右伊賀を以御番所御広間被　仰付、当時本多伊賀御番組ニ而罷在候。
天和三年八月日と御座候
御朱印貞享元年二月廿九日奉頂戴候。以上
　元禄四年三月十九日

58　蔵田権之助

一　拙者祖父蔵田善左衛門儀
台徳院様江御奉公仕候。右善左衛門嫡子拙者亡父蔵田宇右衛門儀、
貞山様御代向井将監殿・桑嶋孫六殿御取持を以御知行四拾貫文被下置被召出候。宇右衛門儀
御上洛御供仕於京都病死仕候。嫡子同氏久太夫九歳之節右御知行御減少を以十五貫文被下置候。其以
後豊嶋勘之允壻苗跡ニ罷成、久太夫持来御知行十五貫文勘之丞(ママ)御知行三拾貫文被結下四拾五貫文之高
ニ被成下、豊嶋久太夫と罷成候。

義山様御代拙者儀右宇右衛門三男無進退ニ而罷在候処、
品川様御部屋住之節慶安四年七月成田杢を以御小性組新規被召出、御切米三両四人御扶持方被下置候。
明暦弐年極月大條兵庫・中村備前・油井善右衛門を以御切米弐両御加増被下置候。
品川様御代万治元年極月奥山大学を以御切米三両御加増被成下候。同二年七月廿三日
品川様御前江被召出拙者儀一人にて　御櫛番数年無懈怠相勤奇特ニ被　思召候段、
御自筆之御墨付被下置御知行三拾貫文拝領仕候。其節右御切米御扶持方者被召上候。
御当代同三年極月廿六日拙者儀進退被召放三人御扶持方被下置、豊嶋休太夫・蔵田八弥ニ被預置候。然処寛文八年六月廿二日親類平井源太夫願申上候処、古内志摩を以御城下御免被成下候旨右源太夫ニ被仰渡候。其後天和元年九月十八日、従
品川様被召出度段被　仰進候付而、御知行六貫文被下置被召出之旨佐々伊賀を以豊嶋市郎兵衛ニ被　仰渡、其節右三人御扶持方者被召上候。同月廿五日右伊賀を以御番所御広間被　仰付茂庭大隅御番組ニ被成下候。天和三年八月日与御座候
御朱印貞享元年二月廿九日ニ奉頂戴候。拙者儀当時根白石御川横目御用相務罷在候。以上
元禄四年三月廿三日

59　宮野与八郎

一　拙者儀亡父宮野二右衛門次男無進退ニ而罷在候処、右二右衛門嫡子拙者兄同氏二兵衛ニ二右衛門跡式被下置候以後、二兵衛依病気拙者ニ御番代為仕度旨二兵衛并親類共寛文十年二月願申上、如願同年五月原田甲斐を以被　仰付十八ヶ年右御番代相勤申候処、右二兵衛儀実子出生仕十五歳ニ罷成候ニ付、二兵衛御知行高三拾六貫文之内三拾貫文之所末々右二兵衛嫡子新三郎ニ被下置当時より御番代被　仰付、残御知行六貫文之所は拙者ニ被分下度旨、貞享四年三月二兵衛・拙者并親類共奉願候処願之通被仰付、拙者儀遠山帯刀組御番所御次之間被　仰付之旨、同年四月二日佐々豊前を以被　仰渡拙者御知行高六貫文ニ御座候。

御朱印者丹今不奉頂戴候。先祖之儀者兄同氏二兵衛先年書上仕候。以上

元禄四年三月廿九日

60　久米吉助

一　拙者父久米八郎右衛門儀京都所生ニ而住居仕罷在候。拙者儀右八郎右衛門嫡子ニ御座候処、御家中江御奉公申上度段、明暦三年ニ

義山様御代成田杢を以私奉願上候処、御小性之間江被召出御知行三拾貫文同年六月古内古主膳を以被下置候。

義山様御卒去以後引続
品川様江御小性組ニ被召加御奉公仕候処、
御当代万治三年進退被召上候。御当地ニ親類も無之候間京都へ可罷登旨、早川八左衛門・大槻内蔵助を
以被　仰渡候付罷登候。貞享元年十二月
御城下御赦免被成下度段奉願候処、従
品川様御免被成下度段被　仰進候ニ付、御知行六貫文被下置旨貞享四年七月廿二日於京都竹村弥右衛門
を以被　仰渡御当地江罷下、貞享五年三月廿五日御番入之願申上候処ニ、御番所御広間各務主計御番
組ニ被　仰付之旨同年五月佐々豊前を以被　仰渡候。丹今
御朱印不奉頂戴候。以上
元禄四年三月廿九日

61　白土三十郎

一　拙者儀亡父佐藤杢丞三男無進退ニ而罷在候処、兄白土六左衛門御知行高弐拾壱貫四百八拾三文之内五
貫文拙者ニ被分下被召出、相応之御番所被　仰付被下置度旨、延宝七年二月十七日ニ右六左衛門奉願
候処、願之通被分下御番所御次之間宮内権十郎御番組ニ被相入旨、同年四月晦日佐々伊賀を以被　仰
渡候。天和三年八月日与御座候

御朱印貞享元年二月廿九日ニ奉頂戴候。同苗六左衛門儀も引続佐藤相名乗罷在候処、本苗ニ御座候条白土ニ被成下度由延宝三年右六左衛門奉願候処、願之通白土ニ苗改被　仰付旨同年八月右六左衛門ニ被　仰渡候。拙者儀六左衛門弟ニ御座候故其節より拙者儀も白土相名乗罷在候。先祖之儀は右六左衛門書上仕候。延宝七年分地被成下候間其節先祖書上可仕処、心付不申書上不仕候条此度如斯ニ御座候。拙者儀当時御代官役目相務罷在候。以上

元禄四年三月廿九日

62 奥村玄務

一 拙者祖父奥村吉左衛門嫡子加兵衛儀中気相煩口中不叶ニ而達而之御奉公相勤兼申ニ付、右吉左衛門娘ニ奥村瑞安御取合聟苗跡ニ被成下、吉左衛門御知行高弐拾貫七百四拾文之内十五貫七百四拾文者瑞安ニ被下置、残五貫文拙者亡父加兵衛ニ被分下度由、義山様御代寛永十七年吉左衛門奉願候処、願之通被成下旨古内故主膳・鴇田駿河を以被　仰渡、右加兵衛進退五貫文ニ御座候。月日者不承伝候。其以後惣御検地之節二割出目被下置御知行六貫文之高ニ被成下候。

御同代右加兵衛儀御勝手御番被　仰付相勤申候処、中気指重御奉公相勤兼嫡子拙者儀者三歳ニ罷成候ニ付、瑞安兄武井平九郎次男長吉と加兵衛娘拙者姉ニ御取合聟苗跡ニ被成下度由、山元故勘兵衛を以加

兵衛奉願候処、万治元年二月願之通被　仰付候。右御申次不承伝候。右長吉儀同三年十一月病死仕候付而拙者儀ハ五歳ニ罷成候故、加兵衛従弟下村友三四男勘十郎右娘ニ御取合壻苗跡ニ被成下度由、御当代寛文元年加兵衛奉願候処幼少候得共、実子を指置養子願申上儀不宜被思召候旨、両御後見之時分被　仰付加兵衛進退被相禿候。依之拙者儀浪人ニ而罷在候故朽木元佐弟子ニ罷成、医学仕致法躰罷在候。然処右瑞安天和二年十一月十九日隠居願申上候節、御知行高弐拾五貫四百四拾三文之内弐拾貫四百四拾三文瑞安壻養子同氏六之丞ニ被下置、残五貫文之所拙者ニ被分下御次医師ニ成共被　仰付被召出度由瑞安并六之丞奉願候処、願之通拙者ニ御知行高五貫文被分下、御次医師ニ被召出之旨天和三年二月廿二日冨田壹岐を以被　仰渡候。天和三年八月日与御座候御朱印同四年二月廿九日ニ奉頂戴候。元禄三年十二月廿五日品川様御次医師被　仰付之旨石母田大膳を以被　仰渡相務罷在候。先祖之儀は右瑞安先年書上仕候。以上

元禄四年五月九日

63　内馬場左傳次

一　拙者儀内馬場次左衛門四男無進退ニ而罷在候処、右次左衛門御知行高弐拾貫文之内五貫文拙者ニ被分下被召出度旨天和三年十月次左衛門願申上候処、同年十一月十日願之通被分下旨遠藤内匠を以被　仰

渡候。同月御番入願申上候処、御番所御広間奥山勘解由御番組ニ被　仰付候由、同年十二月廿三日右同人を以被　仰渡候。天和三年十一月十日御日付之
御朱印奉頂戴候。先祖之儀者親次左衛門先年書上仕候。以上
元禄四年三月廿七日

64　伴伊右衛門

一　拙者曾祖父江州蒲生郡伴と申所之城主伴六郎、其子清八郎儀ハ信長公江御奉公相勤申候。右清八郎子清左衛門拙者父ニ御座候。右清左衛門儀ハ一生浪人ニ而柴田三左衛門殿ニ罷在死去仕候。拙者儀も浪人ニ而罷在寛文弐年十壱歳ニ而罷下、奥山大炊頼ニ仕年久罷在候処、致扶助置苦労ニ仕候段内々相達御耳候。類も無之儀ニ候得共大炊事各別之儀ニ候間、抱地之新田五貫文之所被下之被召出之旨、御意之段貞享二年十一月六日柴田内蔵方ゟ大炊ニ被　仰渡候。同月廿七日御番入之儀をも大炊奉願上候処、御広間御番所被仰付奥山勘解由御番組相務可申由、同年十二月三日富田壹岐を以被　仰渡候。貞享二年十二月六日御日付之
御朱印同五年四月朔日奉頂戴候。以上
元禄四年三月廿九日

65　大槻権内

一　拙者養祖父大槻右衛門儀田村御譜代之由承伝候得共、何程之進退ニ而如何様之御奉公相務申候哉不承伝候。右右衛門儀田村御進退相禿申候節、浪人ニ罷成米沢江罷越候由承伝候。右右衛門娘小侍従儀十四歳ニ罷成候節、
御北様ニ而被召連御当地へ罷越候処、
貞山様御代天麟院様江被相附御婚礼前ゟ年久御奉公仕候。御切米三両壱分銀十匁八分五厘御扶持方四人分被下置候。年月御申次共不承伝候。
天麟院様御卒去ニ付小侍従儀尼ニ罷成清信与申候。親類迚も無之候故拙者母ニ由緒御座候付、兄塩沢市郎兵衛所江引越罷在候。右清信子共所持不仕候付而、拙者儀右市郎兵衛弟無進退にて罷在候付養子ニ被成下、右御切米御扶持方被下置、大槻之苗字ニ被成下度由、
御当代寛文三年四月廿三日右清信願申上候処、願之通無御相違被　仰付旨、同四年四月十一日柴田外記を以被　仰渡候。追而御番入願申上候処、御番所虎之間高野与惣左衛門御番組ニ被相入旨、同九年四月五日右外記を以被　仰渡候。右市郎兵衛御知行高廿四貫九百文之内四貫九百文之所拙者ニ被分下度由、延宝七年正月十一日ニ右市郎兵衛奉願候処、願之通被分下之旨同年三月廿九日柴田中務を以被　仰付候。拙者進退御知行四貫九百文御切米三両壱分銀十匁八分五厘御扶持方四人分之高ニ被成下候。天和三年八月日と御座候

御朱印貞享元年三月二日奉頂戴候。延宝七年分地被成下候間、其節先祖書上可仕処心付不申延引此度如斯ニ御座候。拙者儀元禄四年二月十一日遠山帯刀を以御小性組被　仰付当時相務罷在候。以上
元禄四年四月九日

66 小関久次郎

一　拙者儀小関平内次男無進退ニ而罷在候処、親類二宮平右衛門御知行高四拾四貫七百弐拾四文之内四貫七百弐拾四文之所拙者ニ被分下被召出被下置度由、延宝七年六月廿九日右平右衛門并拙者親平内奉願候処、願之通被分下之旨同年七月廿五日ニ黒木上野を以被　仰渡候。同年九月二日御番入願申上候処、御番所御広間被　仰付宮内土佐御番組ニ被相入旨、同月廿五日ニ柴田中務を以被　仰渡候。天和三年八月日と御座候
御朱印同四年三月二日ニ奉頂戴候。先祖之儀者先年右平内書上仕候。右之通延宝七年ニ分地被成下候間、其節之御改ニ先祖書上可仕処心付不申延引、此度如此ニ御座候。以上
元禄四年四月廿九日

67 渋谷弥市郎

一　拙者父吉兵衛国分浪人ニ而罷有候処、

貞山様御代御曹司様方江右吉兵衛母御乳ニ被召出之由、
誰様江御乳上申候哉、被召出候年月御申次等不承伝候。右吉兵衛儀母御奉公仕候御因を以伊達兵部殿
ゟ渋谷之苗字被下被召使候処ニ、兵部殿松平土佐守殿江御預りニ被為成付而配所へ供被申付罷越候。
寛文十二年六月大松沢彦左衛門を以吉兵衛妻并拙者ニ御新田四貫四百文被下置候。然処ニ兵部殿御死
去ニ付而延宝八年二月右吉兵衛御国元へ罷帰候処ニ、同年閏八月廿七日ニ新規ニ御知行四貫四百文被
下置、御番所御広間黒木上野御番組ニ被　仰付旨佐々伊賀を以被　仰渡候。吉兵衛妻・私ニ被下置候
右御新田者其節被召上候。右吉兵衛儀貞享元年十月病死仕候付、跡式御番所共ニ嫡子拙者ニ被　仰付
被下置度由同年極月親類共奉願候処ニ、如願跡式御番所共ニ無御相違拙者ニ被　仰付旨同月廿八日ニ
遠藤内匠を以被　仰渡候。拙者御知行高四貫四百文ニ御座候。貞享元年十二月廿八日御日付之
御朱印同二年五月廿八日ニ奉頂戴候。以上
元禄四年四月十日

68 安代左覚

一 拙者養祖父安代権右衛門実祖父安代掃部嫡子部屋住ニ而罷在候処、
義山様御代山口内記を以定御供ニ被召出、御切米五両御扶持方四人分被下置御番所虎之間被　仰付候由
承伝候。年月不承伝候。其以後右権右衛門儀郡山豊後家督ニ被成下度由、

御同代山口内記を以願申上候処、如願右内記を以被　仰付候由承伝候。権右衛門持来候御切米五両御扶持方四人分御番所共ニ権右衛門弟同苗二左衛門ニ被下置度由権右衛門願申上候処、如願被下置之旨右内記を以被　仰渡由承伝候。年月ハ不承伝候。右掃部隠居跡式掃部妻女之甥大内故十郎衛門《（マヽ）》次男勘四郎ニ被下置相続仕候。右二左衛門儀御国御番相勤申候内、品川様御部屋住之時分定御供ニ被　仰付相務申候。右二左衛門儀寛文九年七月病死仕候ニ付嫡子拙者ニ右跡式被下置度由、

御当代同年十月親類共願申上候処、願之通御切米五両御扶持方四人分無御相違被下置、御番所不相替被仰付候旨同年十月廿二日古内志摩を以被　仰渡候。拙者親類深嶋市右衛門御知行高弐拾四貫弐百文之内四貫二百文拙者ニ被分下度由、天和三年十二月右市右衛門奉願候処、願之通被分下之旨同四年二月廿二日ニ佐々伊賀を以被　仰渡候。拙者進退御知行四貫弐百文御切米五両扶持方四人分之高ニ被成下候。天和四年二月廿二日御日付之

御朱印貞享二年五月廿八日ニ奉頂戴候。拙者儀当時中山新十郎御番組江戸御留守御使者御宮仕役相務罷在候。先祖之儀ハ右勘四郎先年書上仕候。以上

元禄四年四月廿七日

69 安田八太夫

一　拙者儀亡父安田理兵衛次男無進退にて罷在候処、右理兵衛嫡孫同苗多門御知行高三拾四貫百文之内四貫文拙者ニ被分下被召出度由、延宝七年三月廿日右多門奉願候処、願之通四貫文拙者ニ被分下置御番所中之間遠山因幡組ニ被　仰付旨、同年五月廿七日柴田中務を以被　仰渡候。天和三年八月日与御座候御朱印貞享元年三月二日奉頂戴候。先祖之儀者先年右多門書上仕候。右之通分地被成下候条、其節由緒書指出申筈ニ御座候処心付不申此度如斯ニ御座候。拙者儀当時黒川郡御鳥見御用相務罷在候。以上
元禄四年三月廿九日

70 高野小兵衛

一　拙者儀亡父高野加右衛門次男無進退にて罷在候処、兄同氏七九郎御知行高拾弐貫弐百弐文之内弐貫弐百弐文并親類木幡修理又右衛門与申候節、御知行高四拾六貫七百四拾八文之内壱貫七百四拾八文取合三貫九百五拾文之所拙者ニ被分下被召出被下度由、天和三年十月廿八日ニ右修理・七九郎奉願候処、如願被分下佐藤杢組御番所中之間被　仰付候旨、同年十一月十三日冨田壹岐を以被　仰渡候。天和三年十一月十三日御日付之御朱印貞享二年五月廿八日ニ奉頂戴候。先祖之儀ハ右七九郎先年書上仕候。拙者儀当時木幡修理手前

物書御用相務罷在候。以上
元禄四年三月廿八日

71 斎藤安太夫

一 拙者儀亡父斎藤三郎左衛門三男無進退ニ而罷在候処、兄同氏三郎右衛門御知行高三貫九百六文御切米拾四両拾人御扶持方之内右御知行拙者ニ被分下被召出度由、貞享元年九月右三郎右衛門奉願候処、願之通御知行高三貫九百六文之所被下置、御番所御次之間被　仰付候段同年十一月廿八日遠藤内匠を以被　仰渡、大町備前御番組ニ被成下候。貞享元年十月廿八日御日付之御朱印同五年三月廿三日ニ奉頂戴候。先祖之儀は右三郎右衛門先年書上仕候。以上
元禄四年三月廿七日

72 佐藤弥助

一 拙者祖父佐藤古長左衛門次男養父同苗弥兵衛儀無進退ニ而罷在候処、義山様御代御小性組新規ニ被召出御切米十両御扶持方十人分被下置、其以後御物置番相勤申候由承伝候。被召出候年月御申次不承伝候。
義山様御遠行迄弥兵衛儀御物置番相務申候由承伝候。其以後御番所虎之間被　仰付候。願申上候哉被　仰

渡候年月御申次共ニ不承伝候。弥兵衛儀子共無之ニ付、拙者儀佐藤中長左衛門三男無進退ニ而罷在候ニ付養子家督ニ被成下度由、

御当代万治四年二月廿五日弥兵衛并亡父長左衛門奉願候処、願之通被成下旨同年四月廿一日古内中主膳を以被　仰付候。弥兵衛儀寛文二年正月病死仕候付而跡式拙者ニ被下置度由、同年三月親類共奉願候処、跡式御切米拾両御扶持方拾人分御番所共無相違被　仰付旨右主膳を以被　仰渡候。然処弥兵衛弟佐藤吉右衛門儀御切米三両御扶持方四人分被下置定御供ニ被召出、其以後

品川様御手水番被　仰付御奉公申上候処、小進（ママ）ニ而相続兼申ニ付拙者進退江替々ニ被成下御奉公相続為仕度由、寛文三年拙者并亡父長左衛門奉願候処、如願被成下旨同年十一月廿日被　仰渡候。御申次ハ失念仕候。拙者母方之従弟佐久間市郎衛（ママ）門御知行高十三貫八百八拾四文之内三貫八百八拾四文之所拙者ニ被分下度由、延宝八年十二月十日右市郎衛（ママ）門願申上候処、如願被分下旨同九年正月黒木上野を以被　仰渡候。拙者進退御切米三両御扶持方四人分御知行三貫八百八拾四文之高ニ被成下候。天和三年八月日与御座候

御朱印同四年三月二日ニ奉頂戴候。右弥兵衛・吉右衛門儀ハ中長左衛門弟ニ御座候。先祖之儀者兄当長左衛門先年書上仕候。以上

元禄四年三月廿三日

73 成田源之丞

一 拙者先祖伊達御譜代之由承伝候。祖父以前如何様之品ニ而浪人ニ罷成候哉、養祖父成田甚左衛門儀も浪人に而罷在候処、
貞山様御代佐々若狭を以御切米弐切四人御扶持方被下置被召出、御花壇御番被　仰付相務申候由承伝候。被召出候年月不承伝候。甚左衛門儀子共所持不仕候付、名取浪人佐藤一心次男次郎左衛門を甚左衛門養子ニ被成下度由、
義山様御代寛永廿年ニ願申上候処、同年ニ如願被　仰付候。何月誰御申次を以被　仰付候哉不承伝候。同年甚左衛門儀隠居仕跡式右次郎左衛門ニ被下置、引続御花壇御番相務申候。御申次等ハ不承伝候。正保三年名取郡秋保湯本村ニ而野谷地拝領仕度由奉願候処、如願被下置旨同年三月十三日山口内記・真山刑部・和田因幡を以被　仰渡候。万治三年御花壇御番御免被成下御番所御広間被　仰付候。年月御申次等不承伝候。右野谷地開発御竿被相入起目代高六百五拾壱文之所被下置旨、
御当代寛文元年十一月十六日奥山大学を以被　仰渡候。右次郎左衛門儀寛文十年四月隠居被　仰付、跡式御番所共ニ嫡子拙者ニ被下置度由奉願候処、同十一年五月十二日富塚内蔵丞を以如願被　仰渡候。拙者儀小進(ママ)ニ御座候付、従弟松坂源右衛門御知行高弐拾五貫五百文之内三貫文之所拙者ニ被分下度由元禄元年六月七日源右衛門・私奉願候処、同年七月十七日願之通被分下旨佐々豊前を以被　仰渡、進退御知行三貫六百五拾壱文御切米弐切御扶持方四人分之高ニ被成下候。丹今

御朱印者不奉頂戴候。拙者儀当時御本穀御用相勤罷在候。以上
元禄四年三月廿九日

74 青木左助

一拙者養祖父青木勘右衛門儀最上浪人ニ而御当地江相越罷在候処、如何様之品ニ而被召出候哉、貞山様御代御切米弐両御扶持方四人分被下置御番所御広間被　仰付相務申由承伝候。年月御申次不承伝候。右勘右衛門儀老衰仕候付隠居被　仰付、嫡子傳四郎ニ跡式被下置名改勘右衛門ニ被　仰付被下度由、義山様御代右勘右衛門奉願候処ニ、願之通跡式無御相違被下置御番所不相替、且亦名改勘右衛門ニ被　仰付之由津田故豊前を以被　仰渡候由承伝候。右年月不承伝候。養亡父勘右衛門儀名取郡根岸村ニ除屋鋪一軒拝領所持仕候。年月御申次不承伝候。御当代右除屋敷江御竿被相入御知行ニ被成下度由、延宝八年四月十六日ニ右勘右衛門奉願候処、御竿被相入代高五百五拾五文之所被下置旨天和二年六月十九日ニ被　仰渡候由承伝候。御申次不承伝候。且亦拙者儀亡父飯野九郎衛門三男ニ御座候処、右勘右衛門一廻り之従弟ニ御座候。赤子ゟ勘右衛門養子ニ仕指置申候。依之持添之御知行五百五拾五文之所拙者ニ被分下、青木苗字ニ被　仰付似合之御奉公被　仰付被下置度由、天和二年右勘右衛門并親類奉願候処、願之通被分下青木之苗字被　仰付旨、同

三年正月廿八日柴田中務を以　仰付御番外御目付衆支配ニ被　仰付候。同年閏五月廿三日御番入奉願候処、御番所御広間被　仰付、上郡山九右衛門組ニ被相入旨同年六月十一日右中務を以被　仰渡候。已後親類平勘兵衛御知行高七貫百弐拾六文之内新田弐貫八百九拾四文之所拙者ニ被分下度由、元禄三年右勘兵衛奉願候処、願之通被分下旨同年十月廿三日冨田壹岐を以被　仰渡候。拙者御知行三貫四百四拾九文之高ニ被成下候。

御朱印ハ丹今不奉頂戴候。当時拙者儀御郡方鉄炮御改定御用相務罷在候。以上

元禄四年三月十九日

75　橋本金十郎

一　拙者儀橋本六左衛門次男無進退ニ而罷在候処右六左衛門隠居被　仰付、六左衛門御知行高弐拾壱貫弐百六拾文之内十八貫文嫡子同苗市郎兵衛ニ被下置、残三貫弐百六拾文之所拙者ニ被分下被召出度由、六左衛門・市郎兵衛天和三年七月廿日奉願候処、同年八月十三日ニ願之通被　仰付旨佐々伊賀を以被　仰渡候。同年九月廿二日御番入願申上候処、御番所御広間大町備前組ニ被相入旨同年十月四日柴田中務を以被　仰渡候。天和三年八月日与御座候

御朱印貞享二年五月廿八日ニ奉頂戴候。先祖之儀者先年右六左衛門書上仕候。以上

元禄四年四月十三日

76 原正太夫

一 拙者儀原市左衛門次男無進退ニ而罷在候処、市左衛門御知行高八貫百弐拾五文之内三貫百弐拾五文之所拙者ニ被分下置御奉公為仕度由、当二月十六日右市左衛門・同人嫡子吉之助并親類奉願候処、願之通被分下御番外御広間佐藤杢御番組ニ被　仰付之旨、当三月廿六日大條監物を以被　仰渡候。御朱印者不奉頂戴候。先祖之儀者先年右市左衛門書上仕候。以上

元禄四年四月十九日

元禄四年五月

四之牒

77 吉田十右衛門

一　拙者亡父吉田小兵衛儀吉田伊豫八男ニ御座候。小兵衛儀品川様御部屋住之節御小性組被召出御切米三両四人御扶持方被下置候。其節之御申次年月者不承伝候。右伊豫六男吉田六郎左衛門儀、義山様御代定御供ニ被召出由ニ御座候。進退高不承伝候。御同代承応四年四月廿三日於福嶋御知行三拾貫文被下置、御武頭被　仰付旨古内故主膳を以被　仰渡候。万治三年四月右六郎左衛門病死仕候。男子無之ニ付六郎左衛門弟拙者亡父小兵衛ニ跡式被下置度由親類共奉願候処、六郎左衛門御知行高之内拾五貫文右小兵衛ニ被下置旨茂庭中周防を以同年被　仰渡候。月日者不承伝候。其節右小兵衛御切米御扶持方者被召上候。御当代同年小兵衛儀進退被召放三人御扶持方被下置山崎平太左衛門ニ被相預候処、延宝三年八月病死仕候ニ付右御扶持方被召上候。然処拙者儀小兵衛嫡子ニ御座候ニ付被召出度段、従

品川様被　仰進候ニ付御知行三貫文被下置被召出旨、天和元年九月十八日佐々伊賀を以山崎平左衛門ニ被　仰渡候。同月廿五日御番所御広間被　仰付旨右伊賀を以被　仰渡候。天和三年八月日と御座候御朱印同四年三月二日奉頂戴候。天和弐年二月廿八日御次小性右伊賀を以被　仰渡、同四年三月二日ニ松本采女を以定御供被　仰付当時相務罷在候。先祖之儀吉田勘右衛門先年書上仕候。以上

元禄四年三月廿九日

78 井上安右衛門

一　拙者儀亡父井上孫兵衛次男、無進退ニ而罷在候処、兄同氏善四郎御知行高三拾八貫弐百文之内三貫文之所拙者ニ被分下度由、天和弐年三月廿日右善四郎奉願候処、願之通被分下旨同年五月十九日佐々伊賀を以被　仰付候。御番入同年六月廿六日奉願候処御番所中之間被　仰付、大町備前組ニ被相入旨同年七月晦日遠藤内匠を以被　仰渡候。天和三年八月日与御座候御朱印貞享元年三月二日奉頂戴候。先祖之儀者右善四郎先年書上仕候。以上

元禄四年三月廿六日

79 戸倉儀太夫

一　拙者儀亡父戸倉正右衛門次男無進退に而罷在候処、兄同苗正九郎御知行高拾四貫八百六拾四文之内三

貫文之所拙者ニ被分下度旨天和弐年六月十九日右正九郎奉願候処、願之通被分下旨同年七月廿六日遠藤内匠を以被　仰渡候。同年八月廿八日御番入願申上候処ニ、御番所中之間石田孫市組ニ被相入旨同年九月廿三日右内匠を以被　仰渡候。天和三年八月日与御座候御朱印貞享元年三月二日奉頂戴候。先祖之儀者右正右衛門先年書上仕候。以上

元禄四年四月廿日

80　村岡三之丞

一　拙者祖父村岡清右衛門儀何方浪人ニ御座候哉、御当地ニ罷在候処ニ、貞山様御代如何様之品に而被召出進退被下置候哉、御切米弐両御扶持方四人分被下置候由承伝候。右清右衛門嫡子同苗傳蔵儀、義山様江慶長拾九年ニ拾六蔵ニ而御小性組ニ被召出、別而御切米御扶持方被下置候由承伝候。右御切米御扶持方何程被下置候哉不承伝候。右清右衛門寛永拾七年正月病死仕候ニ付、清右衛門御切米弐両御扶持方四人分右傳蔵ニ為御加増、同年四月十三日津田近江を以被下置候由承伝候。傳蔵其節進退何程ニ而右清右衛門跡式御加増ニ被下、取合何程之高ニ被成下候哉不承伝候。其以後御加増をも被下置候哉、御切米拾弐両御扶持方八人分ニ御座候。右傳蔵跡式者嫡子同苗長兵衛ニ被下置相続仕候。拙者養亡父村岡甚内儀は右清右衛門次男無進退に而罷在候処、

義山様江御祐筆ニ被召出御切米五両御扶持方四人分被下置候由承伝候。被召出候年月御申次等者不承伝候。右甚内寛永十七年四月病死仕候。子共無之候ニ付而右進退被召上候。然処ニ拙者儀甚内甥ニ御座候間、甚内跡式拙者ニ被立下度由亡父右傳蔵奉願候処、右御切米五両御扶持方四人分無御相違甚内苗跡拙者ニ被立下旨、慶安三年三月廿日ニ近江を以被　仰渡候。傳蔵願申上候年月不承伝候。其以後御番入之儀奉願候処御番所虎之間ニ被　仰付、笠原修理御番組ニ被相入旨近江を以被　仰渡候。御番入願申上候年月并御番所被　仰渡候年月失念仕候。拙者儀家督之子供所持不仕候付、松坂源右衛門三男右平次拙者養子家督ニ被成下度由、

御当代延宝四年五月廿九日双方并親類共奉願候処、同年九月六日願之通被成下旨小梁川修理を以被　仰渡候。拙者儀小進(ママ)ニ御座候故右源右衛門御知行高弐拾八貫五百文之内三貫文之所拙者ニ被分下度由、天和弐年十二月六日ニ右源右衛門奉願候処、願之通被分下旨同三年正月廿八日ニ柴田中務を以被　仰渡候。拙者進退御切米五両御扶持方四人分御知行三貫文之高ニ被成下候。天和三年八月日と御座候御朱印同四年三月二日奉頂戴候。以上

元禄四年三月廿九日

81　真山新蔵

一　拙者儀亡父真山仲右衛門三男無進退に而罷在候処、兄同苗半六郎御知行高弐拾五貫文之内三貫文被分

下被召出度由貞享弐年三月十一日右半六郎奉願候処、願之通被分下御番所中之間大條監物御番組ニ被
相入旨同年六月遠藤内匠を以被　仰渡候。貞享弐年六月十日御日付之
御朱印同五年四月朔日奉頂戴候。先祖之儀者右半六郎先年書上仕候。以上
元禄四年三月廿八日

82　笹原吉助

一　拙者儀亡父笹原傳右衛門次男ニ御座候。傳右衛門貞享弐年十月二日隠居願指上候節、傳右衛門御知行
高拾八貫四百七拾七文之内嫡子同苗傳吉ニ拾五貫四百七拾七文相譲、残御知行三貫文之所拙者ニ被分
下度旨親傳右衛門・兄傳吉并親類共奉願候処、願之通被分下遠藤内匠組御番所御広間被　仰付之旨同
月八日右内匠を以被　仰渡候。貞享二年十月八日御日付之
御朱印同五年四月朔日奉頂戴候。先祖之儀者亡父傳右衛門書上仕候。以上
元禄四年三月廿八日

83　大泉安右衛門

一　拙者養祖父大泉但馬最上浪人に而御当地江罷越候。右但馬嫡子同苗市右衛門儀如何様之品に而被召出
候哉、

義山様御代御勘定屋江新規ニ被召出、御切米壱両四人御扶持方被下置御番所御広間被
被　仰渡候。月日御申次者不承伝候。其以後御加増両度ニ壱両被下置、御切米弐両四人御扶持方ニ被
成下候。年月御申次不承伝候。
御当代為御加増御切米壱両御扶持方三人分被下置、取合御切米三両御扶持方七人分ニ被成下、末書統取
役被　仰付御番所御次之間被成下候。年月御申次者不承伝候。寛文九年十二月廿二日為御加増御切米
弐両被下置、取合御切米五両御扶持方七人分ニ被成下旨古内志摩を以被　仰渡候。然処右市右衛門男
子病人ニ御座候ニ付、拙者儀小関権右衛門四男無進退ニ而罷在候、親類ニ御座候故市右衛門聟養子ニ
被成下度段双方并親類共寛文拾三年奉願候処、如願同年小梁川修理を以被　仰付候。右月日失念仕候。
市右衛門儀延宝三年十二月病死仕候ニ付、跡式拙者ニ被下置度由同四年二月九日親類共奉願候処、如
願跡式無御相違御番所共ニ拙者ニ被　仰付候旨、同年四月廿八日大條故監物を以被　仰渡候。拙者儀
男子所持不仕候ニ付香味孫右衛門次男助次郎聟養子ニ被成下、右孫右衛門御知行高弐拾五貫文之内三
貫文拙者ニ被分下度旨、貞享三年閏三月十九日双方并親類共奉願候処、願之通被　仰付之旨同月廿七
日佐々豊前を以被　仰渡候。拙者進退御知行三貫文御切米五両御扶持方七人分之高ニ被成下候。于今
御朱印者不奉頂戴候。以上
元禄四年三月廿八日

84　木村善太郎

一　拙者父木村善兵衛儀木村宇右衛門弟無進退に而罷在候処、善兵衛御小刀木柄を小細工ニ仕、慶安三年
正月十三日
義山様江戸田喜太夫を以指上申候得者、則被召出御切米三両四人御扶持方被下置、御番所中之間被　仰付之旨右喜太夫を以被　仰渡候ニ付中之間ニ相詰御奉公申上候。御番頭者不被　仰付御小性頭衆支配ニ而罷在定御供仕御細工御用ニ付、
御前江節々被召出候。
品川様御部屋住之節ゟ為
義山様御意小細工も仕候由被　仰進被相附引続定御供御奉公仕候内、為御加増御切米壱両被下置旨大條兵庫を以被　仰渡御切米四両之高ニ被成下候。右御書付等善兵衛江戸詰之節火事焼失仕年月相知不申候。
御当代も八箇年余江戸半年詰定御供御奉公仕候処病気ニ付江戸詰御免被成下度由、寛文七年ニ奉願御免被成下候。月日者相知不申候。同年ニ罷下候以後御番入奉願候処、御番所不相更中之間佐藤右衛門御番組被　仰付相勤申候。年月相知不申候。然処善兵衛甥只木甚五郎御知行高三拾三貫弐百文之内三貫文之所右善兵衛小進（ママ）ニ御座候間御奉公為相続被分下度由、元禄三年三月晦日ニ双方願申上候処、如願被分下旨同年十月廿三日柴田内蔵を以被　仰渡候。右善兵衛儀七十歳ニ罷成候ニ付隠居被　仰付、跡

式嫡子拙者ニ被下置度段同年十二月十七日善兵衛并親類共願申上候処、願之通跡式無御相違被下置之旨当月二日大條監物を以被　仰渡候。御番入願申上候処、御番所不相更中之間本多伊賀組ニ被　仰付候旨当月十九日山岡惣右衛門を以被　仰渡候。
御朱印丹今不奉頂戴候。以上
元禄四年三月廿三日

85　白石源太夫

一　拙者儀亡父白石正左衛門三男無進退に而罷在候処、右正左衛門御知行高弐拾四貫七百四拾文之内弐貫七百四拾文之所拙者ニ被分下被召出度由、延宝七年十二月十一日右正左衛門奉願候処、同八年三月十三日願之通被分下旨黒木上野を以被　仰渡候。同月御番入奉願候処、御番所御次之間黒木上野組ニ被相入旨同月廿一日右同人を以被　仰渡御番相務申候。天和三年八月日と御座候
御朱印貞享元年三月九日奉頂戴候。先祖之儀は右正左衛門先年書上仕候。以上
元禄四年三月廿八日

86　杉村金八郎

一　拙者祖父杉村傳右衛門嫡子拙者亡父杉村孫右衛門儀部屋住ニ而罷在候内、伊達兵部殿ゟ別而知行五十

石被下奉公仕候。右傳右衛門跡式者傳右衛門次男同苗三之丞ニ被下、兵部殿ニ而引続奉公仕候処、兵部殿御預以後寛文十弐年六月大松澤彦左衛門を以御知行壱貫八百文被下置御番外ニ被召出候。亡父孫右衛門儀兵部殿、松平土佐守殿江御預ニ被為成候ニ付而配所江之供被申付罷越候。寛文十二年六月右彦左衛門を以孫右衛門妻・私ニ御新田弐貫弐百文被下置候。然処兵部殿御死去ニ付而延宝八年二月右孫右衛門御国江罷帰候処ニ、同年閏八月廿七日佐々伊賀を以新規ニ御知行弐貫五百文被下置、御番所御次之間西大條駿河御番組被　仰付候。其節孫右衛門妻・私ニ被下置候、右御新田者被召上候。右孫右衛門儀天和三年十二月病死仕候付、嫡子拙者ニ跡式御番所共ニ被　仰付被下置度由同四年二月十三日親類共奉願候処、如願被　仰付旨同月廿七日柴田但馬を以被　仰渡候。天和四年二月廿七日御日付之

御朱印貞享弐年五月廿八日奉頂戴候。先祖之儀者右同苗三之丞先年書上仕候。以上

元禄四年三月廿五日

87 遊佐吉左衛門

一　拙者祖父遊佐半左衛門何方浪人ニ御座候哉不承伝候。半左衛門儀貞山様御代如何様之品に而被召出候哉御知行五貫五百文被下置候。右年月御申次不承伝候。右半左衛門儀義山様江被相附御部屋住之時分御本丸江取移御用相足申候由承伝候。寛永十一年霜月致病死候。跡式嫡

子善十郎ニ被下置候。右半左衛門妻ニ御切米弐切御扶持方三人分被下置、於御国御奥方ニ被召仕旨同拾四年鴇田駿河を以被　仰渡由ニ御座候。右半左衛門妻跡式半左衛門次男拙者養父弥九郎ニ被下置、笠原出雲御番組御広間被　仰付旨山口内記を以被　仰渡御国御番相勤申候。半左衛門妻願申上候年月并被　仰付候年月共ニ不承伝候。

御当代右弥九郎儀子共所持不仕候ニ付弥九郎兄同苗善十郎次男拙者無進退に而罷在候ニ付、養子ニ被成下度由寛文三年七月十七日弥九郎願申上候処如願被　仰付候。誰を以被　仰渡候哉年月共失念仕候。弥九郎儀延宝五年二月病死仕候ニ付跡式拙者ニ被下置度由、同年三月廿日親類共奉願候処、跡式無御相違御番所不相更被　仰付旨、同年六月三日柴田中務を以被　仰渡候。其以後病人ニ罷成御奉公難相勤付而古内造酒祐御番組之節、天和三年四月廿五日右組被相除出入司衆支配御番外被　仰付候。拙者儀男子無御座候ニ付、加州浪人に而御当地御町医師仕罷在候吉村休伊嫡子藤助養子ニ被成下度由、貞享四年十月朔日拙者并双方之親類共願申上候処、如願被　仰付旨同十一月十三日大條監物を以被　仰渡候。同十二月廿一日養子同苗藤助ニ御番代為相勤申度候間御番入被　仰付被下度由奉願候処、御番所不相更御広間遠山帯刀組ニ被相入旨同月十六日柴田内蔵を以被　仰渡候。且又拙者従弟多川理兵衛御知行高七貫八百弐拾五文之内弐貫三百六拾五文之所拙者ニ被分下度由、元禄三年三月十五日理兵衛奉願候処、如願被分下旨同年十月廿五日冨田壹岐を以被　仰渡候。于今御朱印者不奉頂戴候。拙者御番代藤助儀当時御祐筆見習御奉公相務罷在候。先祖之儀者先年右善十郎

嫡子同氏五郎兵衛書上仕候。以上

元禄四年四月廿五日

88　高橋権助

一　拙者曾祖父高橋和泉と申者大崎左衛門江致奉公候由申伝候。大崎没落以後祖父高橋新右衛門并父高橋喜兵衛浪人に而罷在候。右喜兵衛儀義山様御代寛永拾五年ニ如何様之品に而御勘定衆ニ被召出候哉、御切米弐両四人御扶持方被下置、其以後御同代段々御加増拝領統取役被　仰付御切米五両七人御扶持方ニ被成下候。年月御申次不承伝候。統取役相勤罷在候処、品川様御代新御買米上廻御用被　仰付相務罷在候内、御当代御代官役目被　仰付引続御用三拾七ヶ年相務申候。右年月者不承伝候。御代官役目相勤申内不調法之儀有之逼塞被　仰付、無間も御免以後延宝三年四月廿五日御番入奉願候処御番所御次之間被成下候。年月御申次不承伝候。同八年閏八月九日親喜兵衛隠居被　仰付嫡子拙者ニ跡式御番所共被　仰付被下度旨奉願候処、同月廿九日柴田中務を以願之通無御相違被　仰付候。拙者儀男子無之付安達市右衛門次男作助壻苗跡ニ被成下、作助兄市三郎御知行高拾弐貫三百五拾四文之内弐貫三百五拾四文之所拙者ニ被分下度由、天和二年十一月十五日双方并親類共奉願候処、同三年正月十日遠藤内匠を以如願

被　仰付候。拙者進退御知行弐貫三百五拾四文御切米五両御扶持方七人分之高ニ被成下候。天和三年八月日と御座候
御朱印奉頂戴候。当時拙者儀国分芋沢村御鳥見御用相務罷在候。以上
元禄四年三月廿八日

89　遠藤玄碩

一　拙者儀亡父遠藤八右衛門次男無進退に而罷在候処、八右衛門隠居被　仰付跡式御知行高五貫七百七拾壱文之内三貫五百文之所嫡子同苗半兵衛ニ被下置、残弐貫弐百七拾壱文之所拙者ニ被分下、少々不行歩ニ御座候間達者之御奉公相務兼候条、御次医師ニ被召出被下度由延宝八年四月廿七日八右衛門并半兵衛奉願候処、同年八月十八日願之通被成下旨柴田中務を以被　仰付御次医師ニ被召出候。天和三年八月日と御座候
御朱印貞享元年三月九日奉頂戴候。先祖之儀者右八右衛門先年書上仕候。以上
元禄四年四月九日

90　石森清七郎

一　拙者儀石森松軒次男無進退に而罷在候処ニ、右松軒御知行高拾弐貫弐百七拾壱文之内弐貫弐百七拾壱

文之所拙者ニ被分下被召出度由、貞享三年二月十日右松軒奉願候処、願之通被分下之旨同年閏三月六日佐々豊前を以被　仰渡候。同年四月廿日御番入願申上候処、御番所御広間茂庭大隅御番組ニ同四年六月廿三日右豊前を以被　仰付候。丹今御朱印者不奉頂戴候。先祖之儀者右松軒先年書上仕候。以上

元禄四年四月十一日

91　中目半兵衛

一　拙者儀中目太郎右衛門次男無進退ニ而罷在候処ニ、右太郎右衛門儀隠居被　仰付御知行高八貫六拾四文之内五貫八百拾四文は嫡子同氏善兵衛ニ相譲、残御知行弐貫弐百五拾文拙者ニ被分下被召出相応之御奉公被　仰付被下度由、右太郎右衛門・善兵衛并親類連判を以当二月十九日願申上候処、願之通被分下御番所御広間中村左衛門御番組ニ被相入旨当月二日大條監物を以被　仰渡候。御朱印者丹今不奉頂戴候。先祖之儀者右太郎右衛門先年書上仕候。以上

元禄四年三月十四日

92　菊田茂太夫

一　拙者高祖父菊田若狭岩城

杉目御前様

保山様江御祝言之砌御供仕罷越由ニ御座候。進退何程被下置候哉不承伝候。曾祖父菊田甚次郎貞山様御代伏見江御供仕御番牒ニ相付御奉公致勤仕、祖父菊田助左衛門代迄御奉公仕候由ニ候得共、御取替之節如何様之儀に而御供不仕、其以後於伊達相果申由承伝候。亡父菊田善右衛門幼少之節母共ニ伊達ゟ罷越罷在候処ニ、

御同代元和四年永沼丹後御申次を以御大所衆ニ被召出、御切米壱両三分銀拾五匁四人御扶持方被下置候。

義山様御代正保元年　飛驒守様江御祝言ニ付　奥様江被相付、右御切米御扶持方者嫡子拙者ニ被下置、善右衛門ニ者別而御切米拾五石八人御扶持方被下置之旨、同年二月古内主膳を以被　仰渡候。

御同代品川様御部屋住之節、慶安弐年拙者儀御小性組ニ被相附候旨真山刑部を以被　仰渡相務申候処、承応弐年茂庭中周防を以御免被成置候付而同年三月御番入奉願候処、御番所虎之間被　仰付茂庭大蔵御番組ニ被相入之旨万治弐年三月右周防を以被　仰渡候。右善右衛門儀弐拾箇年神田ニ定詰仕相務申候処ニ、寛文三年飛驒守様御隠居被成置候ニ付　奥様ゟ御暇被下同年六月罷下候以後御番入奉願候処、同四年三月御次之間御番所被　仰付古内治太夫組ニ被相入旨富塚内蔵丞を以被　仰渡候。同六年三月右御切米御扶持方地形ニ被直下度由品々願指上申候処、同七年三月三日御知行高七貫四百拾三文ニ被直下候由原田甲斐を以被　仰渡候。善右衛門延宝元年十一月病死仕候ニ付、右跡式次男同氏市右衛門ニ被下置度由親類共奉願候処、右跡式御知行高七貫四百拾三文之所無相違被下置、御番所御次之間不相更被　仰付由、同弐年二月三日柴田中務を以被　仰付候。亡父善右衛門存生之内、寛文拾三年深谷

之内浅井村・大塚村両所に而野谷地田畑弐町弐反歩鵜田淡路・和田半之助・内馬場蔵人御書付を以拝領仕置候所開発御竿被相入、新田起目弐貫弐百弐拾八文之所拙者ニ被下置度段、右市右衛門延宝七年八月奉願候処、願之通被成下旨同八年三月三日佐々伊賀を以被　仰渡候。拙者進退御知行弐貫弐百弐拾八文御切米壱両三分銀拾五匁四人御扶持方之高ニ被成下候。天和三年八月日与御座候御朱印貞享元年三月九日奉頂戴候。拙者儀当時御穀留御用相務罷在候。以上

元禄四年四月三日

93　佐藤正兵衛

一　拙者祖父佐藤右衛門与申者

田村清顕公御譜代之由承伝候。何様之御奉公仕何程之進退ニ御座候哉并祖父以前之儀者不承伝候。田村宗顕公御卒去以後御進退相禿候ニ付而、右藤右衛門嫡子拙者ニ者亡父同性（ママ）新兵衛儀慶長年中御当地江罷越、長沼丹後於手前無進退ニ而御用相務、

貞山様御代義山様御部屋住之節、寛永弐年八月十日江戸御勘定衆ニ被召出御切米弐両御扶持方五人分被下置由承伝候。御申次不承伝候。右新兵衛儀江戸御国共ニ首尾能相務申ニ付、

義山様御代御加増被下置統取並ニ御切米五両七人御扶持方ニ被成下旨右丹後を以被　仰渡由承伝候。年月者不承伝候。右御勘定御用御赦免被成下并御番入奉願御番所御広間被　仰付候。年月御申次共ニ不

承伝候。
御同代慶安四年七月右新兵衛病死仕候ニ付、跡式嫡子拙者ニ被下置度由同年九月親類共奉願候処、跡式無御相違拙者ニ被下置、御番所御広間不相更被　仰付旨同年九月廿七日古内故主膳を以被　仰渡候。拙者儀男子所持不仕候ニ付柏崎彦右衛門弟彦内養子家督ニ被成下、右彦右衛門御知行高弐拾弐貫四百四拾五文之内壱貫文拙者ニ被分下度由、御当代天和四年正月十三日双方并親類共奉願候処、如願被成下旨同年二月十五日冨田壹岐を以被　仰渡候。天和四年二月十五日御日付之
御朱印貞享弐年五月廿八日奉頂戴候。右彦内儀同四年九月病死仕候ニ付、斎藤正右衛門弟正助拙者養子家督ニ被　仰付、右正右衛門御知行高三拾壱貫五百八拾五文之内壱貫弐百文拙者ニ被分下度由、同五年二月廿七日双方并親類共奉願候処、如願被成下旨同年三月廿三日大條監物を以被　仰渡候。拙者進退御知行高弐貫弐百文御切米五両御扶持方七人分ニ被成下候。右高之
御朱印者丹今不奉頂戴候。以上
元禄四年三月廿八日

94　吉川勘之丞

一　拙者養先祖

御家御譜代之由承伝候得共、
御先祖誰様御代養先祖誰代より御奉公仕候哉、養祖父以前之儀者不承伝候。養祖父吉川加兵衛儀先祖より持来候進退ニ御座候哉、
貞山様御代御切米壱両御扶持方三人分ニ而御広間御番相務申候由承伝候。右加兵衛嫡子拙者養父七兵衛ニ跡式無御相違被下置御番所不相更被　仰付候。年月御申次不承伝候。右七兵衛儀男子所持不仕候ニ付太斎清七郎三男拙者を壻養子ニ被成下度旨、万治元年
品川様御代内馬場蔵人を以願申上候処、如願被　仰付旨同年ニ右蔵人を以被　仰渡候。月日失念仕候。
寛文三年正月七兵衛病死仕候ニ付、
御当代同年二月廿三日ニ七兵衛跡式拙者被下置度由親類共願申上候処、跡式拙者ニ被下置御番所御広間不相更被　仰付旨、同年七月廿二日奥山大学を以被　仰渡候。拙者儀男子所持不仕候ニ付斎藤久兵衛次男平助壻養子ニ被成下、右久兵衛御知行高拾貫九百七拾壱文之内弐貫百八拾七文之所拙者ニ被分下度由、延宝七年八月十九日双方并親類共願申上候処ニ同九月廿五日柴田中務を以願之通被　仰付、御知行弐貫百八拾七文御切米壱両御扶持方三人分之高ニ被成下候。天和三年八月日与御座候御朱印同四年三月九日ニ奉頂戴候。右之通延宝七年分地被成下候間、其節由緒書指上可申処心付不申此度書上仕候。以上
元禄四年四月朔日

95　大内又兵衛

一　拙者儀亡父大内喜右衛門次男無進退に而罷在候処、
義山様御代明暦三年八月其節之御金奉行安藤外記・日野三内を以御金間江加勢ニ罷出無進退に而相務申
候処ニ、
品川様御代万治三年二月御切米壱両四人御扶持方新規被下置被召出、御金間役目可相務旨冨塚内蔵丞を
以被　仰渡候。同年三月御番所御広間天童修理御番組被　仰付之由、右修理を以被　仰渡引続右御用
相務申候。
御当代寛文五年七月為御加増御切米壱両被下置旨原田甲斐を以被　仰渡候。同七年五月為御加増御扶持
方三人分被下置候段柴田外記を以被　仰渡、御切米弐両七人御扶持方之高ニ被成下候。拙者儀男子無
之付而宮﨑市郎右衛門弟市太夫聟養子ニ被成下、市郎右衛門御知行高拾七貫百文之内弐貫百文之所拙
者ニ被分下度由、天和三年八月双方并親類共奉願候処、願之通被成下旨同年八月廿八日佐々伊賀を以
被　仰渡候。拙者進退御知行弐貫百文御切米弐両七人御扶持方之高ニ被成下候。天和三年八月日与御
座候
御朱印奉頂戴候。先祖之儀者兄同苗甚右衛門先年書上仕候。以上
元禄四年三月廿八日

96 北郷孫六郎

一 拙者儀亡父北郷刑部次男無進退ニ而罷在候処、甥同氏右衛門御知行高四拾弐貫六百八文之内弐貫文之所拙者ニ被分下、相応之御奉公為相務申度奉存候段、右当右衛門延宝七年六月奉願候処、願之通被分下御番所虎之間石田孫市組ニ被相入旨、同年七月廿三日佐々伊賀を以被　仰渡候。同年十二月御呼懸被召出被下度旨奉願候処、同月晦日黒木上野を以願之通被　仰渡候。天和三年八月日与御座候御朱印貞享元年二月奉頂戴候。先祖之儀者右右衛門先年書上仕候。右之通延宝七年ニ分地被成下候ニ付而、其節先祖書上可仕処心付不申延引此度如斯御座候。以上

元禄四年三月廿八日

97 鴇田五郎兵衛

一 拙者儀亡父鴇田淡路次男無進退ニ而罷在候処、御当代万治三年十月古内中主膳を以新規ニ御小性組ニ被召出、御切米六両四人御扶持方被下置右御奉公相勤申候処、淡路進退御減少之上隠居被　仰付候節延宝三年六月御小性組被相除候。同年八月御番入願申上候処、御番所虎之間只野圖書御番組ニ被　仰付旨、同年九月小梁川修理を以被　仰渡御番相勤申候。且又拙者甥鴇田正兵衛御知行高七拾弐貫六百五拾八文之内弐貫文拙者ニ被分下度由天和元年正兵衛願申上候処、同年十二月廿五日願之通被分下旨佐々伊賀を以被　仰渡候。拙者進退御切米六両四

人御扶持方御知行弐貫文之高ニ被成下候。天和三年八月日与御座候
御朱印奉頂戴候。先祖之儀者先年右正兵衛書上仕候。以上
元禄四年三月十八日

98　森井市右衛門

一　拙者祖父森井助右衛門儀最上より御当地江罷越浪人に而罷在候。右助右衛門嫡子拙者父同苗善内儀
義山様御代如何様之品に而被召出候哉、御不断組ニ被召出御切米三切三人御扶持方被下置候。年月御申
次者不承伝候。寛永拾七年ニ右善内儀御大所御八百屋御役人ニ被　仰付組御免被成下、為御加増御切
米壱切御扶持方壱人分被下置、合御切米壱両御扶持方四人分ニ被成下相勤申候。月日御申次不承伝候。
正保弐年為御加増御切米壱両被下置御切米弐両御扶持方四人分ニ被成下候。右月日御申次不承伝候。
慶安四年八月右善内病死仕候ニ付、跡式御切米弐両四人御扶持方之通嫡子拙者ニ被下置度由、同年九
月親類共奉願候処、願之通跡式無御相違被下置、其上御番所御次之間被　仰付旨同年十月廿九日山口
内記を以被　仰渡候。拙者儀子共無御座候ニ付七宮久之丞弟勘兵衛養子ニ被成下、右久之丞御知行高
拾弐貫文之内弐貫文拙者ニ被分下度由、
御当代天和三年六月十八日双方并親類共奉願候処、同六月廿八日如願佐々伊賀を以被　仰渡候。拙者進
退御知行弐貫文御切米弐両四人御扶持方之高ニ被成下候。天和三年八月日与御座候

御朱印貞享元年三月九日奉頂戴候。以上

元禄四年三月廿九日

99 石森伊太夫

一 拙者儀父石森喜右衛門次男無進退ニ而罷在候処、右喜右衛門御知行高五貫四拾五文之内壱貫文拙者ニ被分下度由、天和三年六月三日右喜右衛門奉願候処、願之通被分下御番所御次之間大町備前御番組ニ被　仰付之旨同年六月十一日佐々伊賀を以被　仰渡、天和三年八月日与御座候
御朱印元禄元年三月廿三日ニ奉頂戴候。且又拙者小進(ママ)ニ而御奉公相務兼申ニ付而、兄石森小右衛門御知行高四貫四拾五文之内壱貫文被分下度由、貞享四年右小右衛門願申上候処、如願被分下之旨同五年二月十五日ニ佐々豊前を以被　仰渡取合御知行弐貫文之高ニ被成下候。右願申上候月日失念仕候。右高之
御朱印者丹今不奉頂戴候。先祖之儀者先年右喜右衛門書上仕候。以上

元禄四年四月十三日

100 遠藤十助

一 拙者養先祖伊達御譜代之由承伝候得共、
御先祖誰様御代先祖誰御奉公仕候哉、先祖誰代進退断絶仕候哉、養曾祖父遠藤主膳代迄浪人ニ罷成、志

田郡松山ニ年久罷在候由承伝候。右主膳儀
貞山様御代如何様之品に而被召出候哉、御不断組被召出御奉公仕由承伝候。御切米御扶持方高并年月御申次等不承伝候。慶長拾三年五月二日小畑左内と申者御勘当ニ而罷在候を討可申旨、奥山出羽御申次ニ而右主膳・安藤弥左衛門両人ニ其節之御不断頭笹岡与兵衛を以被　仰付討申候処ニ、主膳儀深手負相果申ニ付跡式嫡子同苗孫左衛門被下置之由承伝候。月日御申次者不承伝候。右孫左衛門儀大坂両度之御陣ニ御供仕由ニ候。
義山様御代寛永拾六年御不断組ゟ御本丸御番被　仰付、其以後組御免被成下御番所御広間被　仰付候由承伝候。年月御申次不承伝候。右孫左衛門進退御切米壱両壱分銀三匁弐分御扶持方三人分ニ御座候。右孫左衛門儀男子所持不仕候付、冨岡新助弟同氏孫助儀明暦四年聟養子ニ被成下度由、右孫左衛門・新助奉願候処願之通被　仰渡候。年月御申次等不承伝候。
御当代養祖父孫左衛門隠居被　仰付、跡式右孫助ニ被下置度由延宝弐年三月十六日孫左衛門願申上候処、願之通跡式無御相違御番所共ニ同年六月十五日ニ大條故監物を以被　仰渡候。孫助嫡子同氏八十郎弐十三歳に而天和三年閏五月病死仕候。孫助嗣子無御座候ニ付拙者儀遠藤惣助弟ニ御座候処ニ右孫助養子家督ニ被成下、惣助御知行高弐拾七貫壱文之内弐貫文右孫助ニ被分下度由、天和三年八月七日ニ双方并親類共願申上候処ニ、如願被成下之旨同月十八日遠藤内匠を以被　仰渡候。天和三年八月日与御座候

御朱印所持仕候。養父右孫助儀貞享四年二月病死仕候ニ付而、跡式拙者ニ被下置度由同年四月七日ニ
親類共奉願候処、如願跡式無御相違御知行弐貫文御切米壱両壱分銀三匁弐分御扶持方三人分被下置、
御番所不相更被　仰付之旨同年五月廿七日ニ冨田壹岐を以被　仰渡候。
御朱印者丹今不奉頂戴候。以上
元禄四年三月廿九日

101　大内十助

一　拙者儀祖父大内十郎右衛門嫡子大内善十郎次男無進退ニ而罷在候処、拙者亡父右善十郎儀病者ニ付而
善十郎嫡子喜平次祖父十郎右衛門家督ニ被成下度段、十郎衛門(ママ)・善十郎延宝七年六月奉願候処、如願
同七月廿三日佐々伊賀を以被　仰渡候。右十郎右衛門儀隠居被　仰付跡式御知行高拾七貫弐百七拾四
文之内拾五貫弐百七拾四文之所者右喜平次ニ被下置、残御知行弐貫文之所拙者ニ被分下相応之御番所
被　仰付被下置度由、十郎右衛門・善十郎・喜平次天和三年十一月廿一日奉願候処、如願被分下大町
備前御番組御次之間被　仰付之旨同年十二月二日遠藤内匠を以被　仰渡候。天和三年十二月二日御日
付之
御朱印貞享弐年五月廿八日奉頂戴候。先祖之儀者祖父十郎衛門(ママ)先年書上仕候。以上
元禄四年三月廿六日

102　大條清十郎

一拙者養亡父大條源内儀祖父大條是休四男無進退に而罷在候処、大條監物親類ニ御座候付右監物御知行高三百三拾壱貫六百九拾壱文之内弐貫文之所、右源内ニ被分下被召出相応之御番所被　仰付被下置度由、貞享元年十月廿五日ニ右監物奉願候処、願之通被分下旨同年十一月廿七日遠藤内匠を以被　仰渡候。御番所御広間被　仰付候。年月御申次不承伝候。貞享元年十一月廿七日御日付之御朱印所持仕候。源内兄大條ニ右衛門養子家督ニ松坂九郎左衛門次男甚兵衛仕置候以後、拙者儀出生仕二右衛門実子ニ御座候処、右源内子共所持不仕候ニ付、源内養子家督ニ被成下度段貞享四年七月廿日ニ双方并親類共奉願候処、願之通被　仰付旨同年九月十一日柴田内蔵を以被　仰渡候。然処ニ元禄三年十月七日右源内兄油井惣兵衛と国井仲兵衛討果候節右源内儀も其場江出合深手を負申候処、冨田三郎衛門・山家喜兵衛以指図大條八郎兵衛所江引取申候処ニ右同日相果申候。因茲其節拙者儀大條八郎兵衛・平十郎衛門（ママ）ニ被相預候段右同日永嶋七兵衛を以被　仰渡候処、同年十二月廿一日右八郎兵衛・十郎右衛門・拙者、津田民部宅江被召出、源内跡式無御相違拙者ニ被下置之旨右民部を以被　仰渡候。同廿五日ニ御番入願申上候処、御番所御広間佐藤杢御番組ニ被　仰付之旨同廿八日ニ右杢を以被　仰付候。丹今御朱印者不奉頂戴候。先祖之儀者先年実父同苗二右衛門儀次郎左衛門と申候節書上仕候。以上

元禄四年四月十五日

103　大和田市郎〔ママ〕衛門

一　拙者亡父大和田傳右衛門儀、御歩小性組ニ而御知行拾三貫八百九拾弐文御切米壱両御扶持方四人分之
進退高ニ而御奉公相務罷在候処、慶安五年正月右傳右衛門病死仕候。嫡子同苗勘右衛門儀者病人に而
御奉公相務可申躰ニ無之ニ付而、御知行高拾三貫八百九拾弐文者次男当傳右衛門ニ被下置、御切米壱
両御扶持方四人分之所者三男拙者ニ被下置、御歩小姓組ニ御奉公被　仰付被下置度由、
義山様御代同年二月右勘右衛門并親類共願申上候処、願之通被成下御番所御次之間同年三月廿六日古内
故主膳を以被　仰渡候。

御当代

品川様御家老沼部内記手前物書御用被　仰付候。依之御歩小性組御免被成下、新規ニ御切米弐両四人御
扶持方被下置旨延宝四年三月十日小梁川修理を以被　仰渡、右御番所不相更被　仰付候。然処拙者子
共所持不仕候付右兄勘右衛門嫡子上之助拙者養子家督ニ被成下、傳右衛門御知行高拾三貫八百九拾弐
文之内弐貫文拙者ニ被分下度由、貞享弐年五月九日傳右衛門・拙者并親類共願申上候処、同年六月十
三日ニ如願被成下旨遠藤内匠を以被　仰付候。進退高御切米弐両四人御扶持方御知行弐貫文ニ御座候。
貞享弐年六月十三日御日付之
御朱印同五年四月朔日奉頂戴候。先祖之儀者先年兄同苗傳右衛門書上仕候。以上

　元禄四年三月廿二日

104 野村喜六郎

一 拙者儀亡父野村喜兵衛次男無進退に而罷在候処、兄同氏喜兵衛御知行高拾弐貫文之内弐貫文拙者ニ被分下被召出度由、貞享弐年七月二日兄喜兵衛奉願候処、同年九月二日願之通被分下旨佐々豊前を以被仰渡候。同月廿二日ニ御番入願申上候処、同年十月九日右豊前を以冨田壹岐御番組中之間被 仰付御番相勤申候。貞享弐年九月二日御日付之御朱印貞享五年四月朔日奉頂戴候。先祖之儀者亡父喜兵衛先年書上仕候。以上

元禄四年三月十八日

105 御歩小性組 坂本理兵衛

一 拙者養父坂本権九郎儀祖父坂本左内次男無進退に而罷在候処、義山様御代寛永年中大町内膳組御歩小性ニ被召出、御切米壱両銀拾匁御扶持方四人分被下置、御番所御広間被 仰付候。年月御申次等者不承伝候。右権九郎儀江戸御番御牒付役年久敷相務申ニ付、御番所中之間ニ被成下度由奉願候処ニ、如願被 仰付候由承伝候。右願申上候年月被仰渡年月御申次等不承伝候。右権九郎儀承応弐年六月致病死候処子共無之ニ付、拙者儀亡父遠藤古甚右衛門四男無進退ニ而罷在候。権九郎ニ者指渡之従弟ニ御座候故権九郎跡式拙者ニ被下置度由、親類共同年七月三日奉願候処、願之通無御相違御番所不相更御歩小性組共同年九月廿日山口内記を以被 仰渡候。拙者儀男子所

持不仕候ニ付、関新右衛門次男五右衛門家督養子ニ被成下、右新右衛門御知行高拾弐貫三百文之内弐貫文之所拙者ニ被　分下度段、
御当代元禄元年八月廿七日双方并親類共奉願候処、願之通被　仰付旨同年十月晦日大條監物を以被　仰渡候。拙者進退御知行弐貫文御切米壱両銀拾匁御扶持方四人分ニ御座候。
御朱印丹今不奉頂戴候。先祖之儀者惣領筋目ニ付坂本杢右衛門先年書上仕候。拙者儀当時御代官役目仕罷在候。以上

元禄四年三月廿五日

106 熊谷長兵衛

一 拙者曾祖父熊谷肥前与申者大崎左衛門督義隆江奉公仕候処、滅亡以後右肥前儀子共彦左衛門共ニ一生浪人に而罷在候。拙者祖父右彦左衛門嫡子熊谷左傳次儀、当千葉弥左衛門亡父千葉十右衛門親類ニ御座候ニ付右十右衛門相頼罷在候処、寛永四年五月
義山様江御大所衆ニ被召出、御切米壱両四人御扶持方被下置候由御申次者不承伝候。同拾三年ニ為御加増御切米弐切被下置、取合御切米壱両弐分四人御扶持方ニ被成下候。月日御申次者不承伝候。右左傳次儀正保年中ニ五郎兵衛と改名被　仰付候。年月御申次不承伝候。慶安弐年為御加増御切米壱両弐分被下置、御切米三両御扶持方四人分之高ニ被成下之旨山口内記を以被　仰渡候。月日不承伝候。同年

七月十三日成田杢・氏家主水を以
品川様御部屋住之節御大所頭被　仰付、拾弐箇年江戸定詰仕相務申候。
御同代万治元年為御加増御切米弐両被下置、御切米五両四人御扶持方ニ被成下旨奥山大学を以被　仰渡
候。月日不承傳候。同弐年十一月廿九日為御加増御扶持方弐人分被下置、御切米五両六人御扶持方ニ
被成下旨茂庭中周防を以被　仰渡候。
御当代寛文弐年九月十三日御扶持方壱人分御加増被下置、御切米五両七人御扶持方ニ被成下之旨奥山大
学を以被　仰渡候。寛文九年中気指出申候ニ付御役目訴訟申上候処、同年九月三日願之通御役目御赦
免被成下、御番所中之間鴇田淡路組ニ被　仰付之旨古内志摩を以被　仰渡候。右五郎兵衛嫡子同苗市
兵衛儀部屋住に而罷在候処、
品川様御小性組ニ明暦元年ニ古内古主膳を以被召出、御切米六両四人御扶持方別而被下置候。月日者幼
少之節故覚不申候。拙者儀五郎兵衛次男ニ御座候故五郎兵衛家督ニ被　仰付被下置度由、万治弐年右
五郎兵衛奉願候処同年願之通被　仰付之旨大條兵庫を以被　仰渡候。月日失念仕候。延宝五年十二月
廿九日親五郎兵衛儀隠居願申上候節、右御切米五両七人御扶持方之内御扶持方三人分之所右市兵衛ニ
被分下進退高ニ被成下、残御切米五両四人御扶持方拙者ニ被下置度旨右五郎兵衛奉願候処ニ、願之通
被　仰付之旨同六年二月六日小梁川修理を以被　仰渡候。拙者儀男子所持不仕候ニ付、森田筑後五男
正九郎儀森田孫九郎伯父ニ御座候を壻養子ニ被成下、右孫九郎御知行高三拾六貫文之内弐貫文之所拙

者ニ被分下度段、元禄弐年六月双方并親類共奉願候処、願之通被成下旨同年極月廿七日冨田壹岐を以被　仰付候。拙者進退御知行弐貫文御切米五両御扶持方四人分之高ニ被成下候。丹今御朱印不奉頂戴候。拙者儀当時御納戸役相務罷在候。以上

元禄四年四月十日

元禄四年五月日　五之牒

107　渡邊久之丞

一　拙者祖父渡邊五郎兵衛儀飯坂右近殿江奉公仕候由承伝候。拙者亡父渡邊甚平儀伊達河内殿江奉公仕候処ニ小川苗字被下小川甚平与申候。河内殿より知行被下由ニ御座候得共右進退高不承伝候。右甚平儀長病ニ而罷在候故、河内殿御死去被成候以後願をも不申上無進退ニ而罷在寛文元年五月病死仕候。拙者儀無進退にて罷在候処、慶安四年七月十日

義山様御代

品川様御部屋住之節御徒衆ニ被召出、新規ニ御切米壱両弐分四人御扶持方被下置旨成田杢を以被　仰渡相勤申候処、其後御加増両度ニ御切米弐切大條兵庫・奥山大学を以被下置、御切米弐両四人御扶持方ニ被成下候。御書付書替等は、先年於江戸火事ニ焼失仕候付年月覚不申候。

御当代寛文元年迄御徒組ニ而御小性横目相勤申候処同年御徒組御免被成下、御広間御番所遠山勘解由組被　仰付之旨奥山大学を以被　仰渡候。貞享元年正月十九日松林仲左衛門を以御勘定所末書統取役被

仰渡候。其節之御勘定奉行白土六左衛門・三浦五兵衛願申上候付、御切米三両御扶持方三人分御加増被下置、取合五両七人分之高ニ被成下旨同三年閏三月五日遠藤内匠を以被　仰渡候。且亦御番所上ケ被下度由右五兵衛願申上候付、御次之間ニ上ケ被下旨同年五月四日右内匠を以被　仰渡候。拙者儀男子無御座候付田母神源之丞次男左内壻養子ニ被成下、源之丞御知行高拾壹貫九百六拾壹文之内壹貫九百六拾壹文之所拙者ニ被分下度由双方并親類共願申上候処、如願被成下旨同四年九月廿七日佐々豊前を以被　仰渡候。

御朱印者丹今不奉頂戴候。以上

元禄四年三月廿九日

108　朴澤五左衛門

一　拙者先祖國分浪人ニ御座候。父朴澤掃部拙者迄浪人ニ而罷在候。拙者儀右掃部嫡子ニ御座候処、寛文六年十二月冨塚三郎兵衛組御給主ニ右三郎兵衛を以新規ニ被召出、御切米弐切銀拾四匁御扶持方三人分被下置候。同七年ゟ御郡方御蔵方御用相勤、同拾壹年ゟ赤井三郎右衛門手前津方物書御用相勤、延宝五年七月十八日為御加増御切米壱両壱分銀弐匁御扶持方壱人分被下置旨田村圖書を以被　仰渡、弐両四人分之高ニ被成下引続足立半左衛門・櫻田金右衛門手前津方物書ニ被　仰付、貞享弐年迄十八ケ年首尾能相務申候段、右金右衛門願申上同年十一月御組御免被成下、新規ニ御切米弐両御扶持方四人分被下置旨大町清九郎を以被　仰渡、其節右組付之御切米御扶持方者被召上候。同年十二月御番入願申上候処御番所御広間被　仰付、奥山勘解由御番組ニ被相入之旨同月廿七日佐々豊前を以被　仰渡候。其以後親類朴沢九吉御知行高三拾弐貫九百拾文之内壱貫九百拾文之所拙者ニ被分下度由同三年十一月右九吉奉願候処、如願被分下旨同年極月十九日右豊前を以被　仰渡、拙者進退御知行壱貫九百拾文御切米弐両御扶持方四人分之高ニ被成下候。丹今
御朱印者不奉頂戴候。拙者儀当時平次兵衛手前津方物書役相勤罷在候。以上

元禄四年三月十三日

109　小野作兵衛

一　拙者儀亡父小野十兵衛次男無進退に而罷在候処右十兵衛隠居被　仰付、御知行高九貫五百八拾五文之内七貫七百拾六文者嫡子同氏十蔵ニ相譲、残御知行壱貫八百六拾九文拙者ニ被分下御番入被　仰付被下置度段、右十兵衛延宝八年二月廿二日奉願候処、願之通被分下御番所御広間大立目隼人御番組ニ被相入旨、同年三月廿八日柴田中務を以被　仰渡候。天和三年八月日与御座候
御朱印同四年三月九日頂戴仕候。先祖之儀は右十兵衛先年書上仕候。以上

元禄四年三月十九日

110　坂下六右衛門

一　拙者儀坂下惣兵衛次男無進退ニ而罷在候処、御当代寛文九年三月十三日其節之御勘定奉行武田三右衛門・平田五郎左衛門を以江戸御勘定所江加勢ニ罷出候処ニ、同十二年十月十五日御勘定衆ニ新規被召出、御切米弐両四人御扶持方被下置旨柴田中務を以被　仰渡候。延宝元年十月十一日為御加増御扶持方三人分被下置弐両七人分之高ニ被成下候。御申次失念仕候。同弐年五月御勘定方御免被成下、佐々下総品川様御家老御役目之節下総手前物書御用被　仰付相勤申候処ニ、同四年ニ下総若老御役目被　仰付候付而物書役御免被成下候。同年五月十五日御番入奉願候処御番所中之間被　仰付、片平助右衛門御番組ニ被相入旨同年十月六日小梁川修理を以被　仰渡候。親類山崎安太夫御知行高八貫八百三拾七文之内壱貫八百三拾七文拙者ニ被分下度段、延宝八年十一月三日右安太夫奉願候処、如願被分下旨同年十二月十三日佐々伊賀を以被　仰渡候。拙者進退御知行壱貫八百三拾七文御切米弐両七人御扶持方之高ニ被成下候。天和三年八月日与御座候

御朱印貞享元年三月九日奉頂戴候。先祖之儀は先年兄同氏惣右衛門書上仕候。以上

元禄四年三月十八日

111　田手孫太夫

一　拙者儀亡父田手市右衛門四男無進退ニ而罷有候処ニ、拙者兄同氏甚平御知行高拾壱貫八百拾八文之内壱貫八百拾八文之所拙者ニ被分下、御番入被　仰付被下置度旨右甚平天和弐年奉願候処、願之通被分下石田孫市組御番所御広間被　仰付候旨、同年十一月十一日柴田中務を以被　仰渡候。天和三年八月日与御座候
御朱印同月九日於江戸奉頂戴候。先祖之儀は先年亡父市右衛門書上仕候。拙者儀当時中地靭負手前物書御用相勤罷在候。以上
元禄四年三月廿一日

112　新妻七九郎

一　拙者亡父新妻源太兵衛儀、拙者出生不仕以前男子無之ニ付、
義山様御代承応弐年豊嶋縫殿次男半三郎を拙者姉ニ取合壻養子ニ如願被成下候。

御当代右源太兵衛寛文拾壱年六月病死仕候付、右跡式半三郎ニ無御相違被下置之旨、同年八月廿一日片倉中小十郎を以被　仰渡候。其以後右半三郎名改源太兵衛ニ被成下候。拙者儀無進退にて罷在候条当源太兵衛御知行高三拾壱貫八百弐文之内壱貫八百弐文被分下并國分之内荒巻村曾根木澤屋鋪山林共ニ拙者ニ被下置、御奉公被　仰付被下置度旨右源太兵衛貞享元年十一月奉願候処、如願之被分下被召出

御番所中之間被　仰付、長沼玄蕃御番組ニ被相入之旨、同年十二月晦日遠藤内匠を以被　仰渡御番相務罷在候。貞享元年十二月晦日御日付之
御朱印元禄元年三月廿三日奉頂戴候。先祖之儀は同苗当源太兵衛先年書上仕候。以上
　元禄四年三月廿五日

113 御徒小性組　田手兵太夫

一　拙者儀父田手太右衛門次男無進退ニ而罷在候処、武田五郎左衛門御徒小性頭相勤申候節、御徒小性衆明間御座候ニ付而拙者儀右明間江被召出被下置度由、延宝三年三月十日右五郎左衛門願申上候処、御切米壱両御扶持方四人分新規ニ被下置右同人組御徒小性ニ被召出、御番所御広間泉田杢御番組ニ被仰付由、柴田中務を以同年閏四月六日ニ右五郎左衛門ニ被　仰渡候。拙者儀小進(ママ)ニ付伯父内田三右衛門御知行高六貫七百文之内壱貫七百文被分下度由、天和三年八月十三日右三右衛門奉願候処、願之通被分下旨同年九月朔日ニ佐々伊賀を以被　仰渡候。拙者進退御知行壱貫七百文御切米壱両御扶持方四人分之高被成下候。
天和三年九月朔日御日付之
御朱印貞享弐年五月廿八日ニ奉頂戴候。当時拙者儀深谷御鳥見御用相勤罷有候。先祖之儀は先年右太右衛門書上仕候。以上

元禄四年四月十三日

114　門間長左衛門

一　拙者祖父門間次郎兵衛相馬浪人ニ而名取ニ罷在候由承伝候。拙者父門間作助儀、
貞山様御代元和元年五月如何様之品ニ而被召出候哉、御徒御奉公仕御切米弐両御扶持方四人分被下置御
奉公仕候由承伝候。右御申次不承伝候。寛永拾壱年
御上洛被遊節於御国元名取郡秋保馬場村江最上領ゟ欠落者数人参候を就被相返、於京都右同所御代官
御用被　仰付、其節御徒組御免被成下御番所御広間被　仰付候。年月御申次不承伝候。
義山様御代正保元年迄拾壱ヶ年右御代官御用相勤同年霜月右作助病死仕候。嫡子三九郎ニ跡式無御相違
同弐年五月十七日山口内記を以被下置候。拙者儀右作助次男無進退ニ而罷有候処御村方御普請御用相
勤申度由、其節之御郡方御普請奉行小嶋加右衛門ニ申達候処、慶安四年六月九日右加右衛門申渡、万
治三年迄御普請方御用相勤、
御当代寛文元年三月十七日樋口故勘右衛門を以御材木方定御用被　仰付引続天和弐年迄相勤罷有候処、
三拾弐ヶ年余首尾能相勤其上御用ニ付其身工夫を以色々御勝手ニ罷成儀共仕上、且又御村之痛にも不
罷成様ニ心を付致勤仕候品々山林奉行小原吉助・中川正右衛門覚書指出候段、松林忠左衛門・大町清
九郎・川村孫兵衛被申達候趣御吟味之上被召出之旨被　仰立を以、新規ニ御切米壱両御扶持方四人分

被下置候由、同年霜月十八日柴田中務を以被　仰付候。同月晦日御番入奉願候処、御番所御広間宮内土佐御番組被　仰付旨同三年二月廿二日ニ冨田壹岐を以被　仰渡候。拙者儀子共所持不仕候付、貞享四年二月廿三日煤孫覚内次男長太夫養子家督ニ被成下、右覚内御知行高八貫八百八文之内壱貫七百文之所拙者ニ被分下度由双方并親類共願申上候処、如願之被成下旨同年四月九日ニ冨田壹岐を以被　仰渡、拙者進退御知行壱貫七百文御切米壱両御扶持方四人分之高ニ被成下候。丹今御朱印は不奉頂戴候。拙者儀当時山林方ゟ被相出候御小間木御用相勤罷有候。以上

元禄四年三月廿九日

115　今村助兵衛

一　拙者先祖伊達御譜代之由承伝候。御先祖誰様御代ニ誰被召出候段不承伝候。高祖父今村長門儀保山様御代御奉公仕候処、以前之筋目を以本領之事不可有相違兼又野々川之郷高木出雲之分相除、其外不残被下置之旨天文弐拾二年閏《(ママ)》月三日之御日付ニ而、保山様より右長門ニ被下置候御判物所持仕候。御知行高相知不申候。御城御門松被相立候節先祖ゟ門松被立下之由承伝候。右長門病死仕嗣子無御座候付而、牛越上総次男日向壻養子ニ被成下跡式被下置候。御知行高年月御申次等不

承伝候。右日向病死跡式嫡子同氏内蔵丞次男同氏正右衛門両人ニ被分下候。年月御申次不承伝候。右両人進退高四拾貫文程宛ニ御座候由ニ候得共、跡式被下置候節之高ニ御座候哉其品不承伝候。門松者内蔵丞ニ被立下候。年月御申次不承伝候。其以後内蔵允(ママ)名改日向ニ罷成候。
貞山様御代元和六年十月病死仕候付、跡式嫡子今村内蔵丞ニ被下置候。拙者亡父同氏助右衛門儀右日向次男無進退ニ而罷在候処、如何様之品にて被召出候哉、
御同代御切米弐両御扶持方五人分被下置御番所虎之間被　仰付候。年月御申次不承伝候。右助右衛門儀
義山様御代承応三年六月病死仕候付、嫡子拙者ニ跡式被下置度旨同年八月親類共奉願候処、跡式無御相違被下置御番所不相替被　仰付旨、同年九月十七日成田杢を以被　仰渡候。其以後熊弥兵衛拝領之新田高壱貫六百七拾五文之所拙者縁者ニ御座候ニ付相譲申度由、
御当代貞享三年六月右弥兵衛申上候処ニ、願之通拙者ニ被分下旨同年八月十三日遠藤内匠を以被　仰渡候。拙者進退御知行壱貫六百七拾五文御切米弐両御扶持方五人分之高被成下候、
御朱印者丹今不奉頂戴候。拙者儀当時古切支丹御改本〆(締)御用相勤罷有候。以上

元禄四年四月廿八日

116　本間正右衛門

一　拙者祖父本間主殿最上

義顕（光）公江御奉公仕候処、最上御改易之砌主殿浪人ニ罷成御当地江罷越候由承伝候。亡父本間正太夫儀義山様御代寛永拾九年ゟ正保弐年迄無進退ニ而御割屋加勢御用相勤、同三年正月御郡司冨田四郎兵衛手前物書役被　仰付、御切米弐両四人御扶持方同年三月十三日山口内記・和田因幡・真山刑部を以被下置候由承伝候。御番所御広間被　仰付候。願上被　仰付候哉年月御申次共ニ不承伝候。正太夫儀御当代寛文八年十月病死仕候付、跡式嫡子拙者ニ被下置度旨同年霜月親類共奉願候処ニ、願之通跡式御番所共ニ無御相違拙者ニ被　仰付旨、同九年二月五日柴田外記を以被　仰付候。且又二宮六郎左衛門親類続御座候付同人御知行高拾壱貫六百拾壱文之内壱貫六百拾壱文拙者ニ被分下度旨、延宝八年正月六郎左衛門・拙者願申上候処、願之通被分下之旨同年二月晦日柴田中務を以被　仰渡候。拙者進退高御知行壱貫六百拾壱文御切米弐両四人御扶持方御座候。天和三年八月日と御座候御朱印貞享元年三月九日奉頂戴候。当時拙者儀平次兵衛手前津方物書御用相勤罷在候。以上

元禄四年三月廿一日

117　大友仲三郎

一　拙者養先祖伊達御譜代之由承伝候得共、御先祖誰様御代養先祖誰何様之御奉公仕候哉、誰代ニ進退断絶仕候哉其品不承伝候。養祖父大友善助儀如何様之品にて被召出候哉、

貞山様御代笹岡備後・伊藤對馬を以御不断組ニ被召出、御切米三切御扶持方三人分被下置御奉公相勤申候由承伝候。被召出候年月不承伝候。右善助嫡子拙者養亡父同氏二左衛門儀部屋住ニ而罷在候処、寛永九年新規ニ御不断組ニ被召出候由承伝候。誰を以被召出御切米何切御扶持方何人分被下置候哉不承伝候。右善助嗣子無之付岡部斎兵衛弟作之丞聟養子ニ被成下候。右願申上候年月被　仰渡候年月御申次共ニ不承伝候。

義山様御代承応元年三月右善助病死跡式無御相違右作之丞ニ被下置候由年月并御申次不承伝候。右二左衛門儀寛永十一年成田杢を以御徒組ニ被　仰付、御切米六切御扶持方四人分被下置

要山様御部屋住之節被相付、其節御不断組之御切米御扶持方は被召上候。

要山様御遠行以後御徒組御免被成下、御番所御広間被　仰付御番組勤申候由承伝候。右組御免被成下御番入被　仰付候年月御申次不承伝候。二左衛門家督之子共所持不仕候付、拙者儀佐藤孫六郎次男無進退ニ而罷在候付養子家督ニ被成下度旨、

御当代延宝九年七月十八日双方并親類共奉願候処、如願之被成下段同年十月廿三日佐々伊賀を以被　仰付候。其以後二左衛門儀名改奉願候処、善助ニ被成下旨貞享元年三月十日新田源左衛門・佐藤内膳を以被　仰付候。然処養父善助隠居被　仰付跡式御番所共ニ拙者ニ被　仰付被下置度由、右善助并親類共同弐年正月廿三日願申上候処ニ、如願之跡式右御切米御扶持方無御相違被下置、御番所不相替被　仰付候旨同年二月廿一日右伊賀を以被　仰渡候。然処拙者儀小進(ママ)ニ付父佐藤孫六郎御知行高六貫六百文

之内壱貫六百文之所拙者ニ被分下度旨、同五年二月十五日右孫六郎願申上候処、如願之被分下旨同年
三月十一日大條監物を以被　仰付、拙者進退御知行壱貫六百文御切米壱両弐分御扶持方四人分之高ニ
被成下候。丹今
御朱印者不奉頂戴候。拙者儀当時鉄炮御改御用相勤罷在候。以上
元禄四年四月廿六日

118 西方長五郎

一 拙者儀亡父西方正兵衛三男無進退ニ而罷在候処、兄同苗正兵衛御知行高拾弐貫文之内壱貫五百文之所
拙者ニ被分下被召出度由、右正兵衛天和四年二月奉願候処、貞享元年三月四日願之通被分下旨柴田但
馬を以被　仰渡、宮内土佐組御番所御次之間被　仰付候。貞享元年三月四日御日付之
御朱印貞享弐年五月廿八日奉頂戴候。先祖之儀は右正兵衛、小左衛門与申節書上仕候。拙者儀当時御
穀留役相務申候。以上
元禄四年三月十三日

119 濱田安左衛門

一 拙者儀濱田八之丞次男無進退に而罷在候処、右八之丞御知行高八貫九百文之内壱貫五百文之所拙者ニ

被分下度由、貞享弐年二月九日親八之丞奉願候処ニ願之通被分下、各務因幡御番組御広間被　仰付旨、貞享弐年三月十三日遠藤内匠を以被　仰渡御番相勤罷在候。貞享弐年三月十三日御日付之御朱印同五年四月朔日奉頂戴候。先祖之儀者右八之丞先年書上仕候。以上

元禄四年三月廿六日

120　安久津九兵衛

一　拙者儀安久津修理次男無進退ニ而罷在候処、義山様御代正保四年三月被召出御切米三両四人御扶持方被下置、公義御使矢野甚左衛門手前物書被　仰付候旨古内故主膳を以被　仰渡候。右甚左衛門病死以後引続蜂屋古六左衛門物書被　仰付、御当代万治三年霜月拙者儀数年御奉公首尾能相勤申ニ付、三人御扶持方為御加増被下置、御切米三両七人御扶持方ニ被成下之旨茂庭中周防を以被　仰渡候。寛文三年十月木村故久馬を以右物書役御赦免、江戸定詰御畳刺衆・御塗師衆・御鍛冶衆支配御闕(ママ)所物御用并江戸御屋敷中宿守支配等被　仰付相務申候。延宝三年七月御番入奉願候処御番所御広間被　仰付、佐々伊賀御番組ニ被相入之旨同年八月柴田中務を以被　仰渡候。貞享元年九月大町清九郎を以右御役目御免被成下、江戸定詰御奉公三拾八年相勤罷下候。拙者儀後嗣無御座候ニ付貞享三年八月梅津五兵衛次男兵右衛門壻養子ニ被成下、右五兵衛御知行高拾弐貫三百八拾七文之内壱貫五百文之所拙者ニ被分下度旨双方并親類共奉願候処、如願之被

成下之旨同年九月佐々豊前を以被　仰渡候。拙者進退御知行壱貫五百文御切米三両御扶持方七人分之高ニ被成下候。
御朱印は丹今不奉頂戴候。先祖之儀は嫡子筋目ニ付同苗権八郎先年書上仕候。以上
元禄四年三月廿八日

121　池田金右衛門

一　拙者祖父池田八郎兵衛儀会津浪人ニ御座候処、何年之比御当地江罷越候哉不承伝候。弓芸を以義山様御代寛永十七年四月山口内記を以被召出御切米八両御扶持方拾人分被下置、御番所中之間被仰付御国御番相勤罷在由ニ御座候。右八郎兵衛慶安元年三月病死仕候ニ付、跡式御切米御扶持方之通八郎兵衛嫡子拙者父同苗清太夫ニ被下置旨同年四月廿五日ニ被　仰付候。跡式之願申上候月日并誰を以被仰渡候哉不承伝候。清太夫儀も引続御番相勤罷有候処、其以後名改被　仰付八郎兵衛ニ罷成候。私儀右八郎兵衛次男無進退ニ而罷在候付、八郎兵衛御切米八両御扶持方拾人分之内御切米弐両御扶持方四人分拙者ニ被分下度由、
御当代天和三年三月右八郎兵衛奉願候処、同年四月十一日願之通被分下、御番所御次之間上郡山九右衛門組ニ被相入候由柴田中務を以被　仰渡候。然処拙者儀子共所持不仕候付、鎌田次兵衛次男彦太夫家督養子ニ被成下、右彦太夫兄鎌田権兵衛御知行高七貫四百九拾六文之内壱貫四百九拾六文之所拙者ニ

被分下度由、元禄弐年六月十四日双方并親類共奉願候処、如願被成下旨同年十二月廿七日冨田壹岐を以被　仰渡候。拙者進退御切米弐両御扶持方四人分御知行壹貫四百九拾六文之高ニ被成下候。

御朱印は丹今不奉頂戴候。以上

元禄四年三月廿五日

122　上石伊右衛門

一　拙者養父上石三郎兵衛儀上石太郎左衛門次男、無進退ニ而罷在付、三郎兵衛甥上石善太郎御知行高拾壱貫四百文之内壱貫四百文三郎兵衛ニ被分下、御番所ヲも被　仰付被下置度由、貞享元年九月十六日右善太郎奉願候処、如願三郎兵衛ニ被分下御番所御広間奥山勘解由御番組ニ被相入之旨、同年十一月十日遠藤内匠を以被　仰渡御番相勤申候。然処三郎兵衛子共無之其上病気指重候付、拙者儀右太郎左衛門三男三郎兵衛弟ニ御座候而無進退ニ而罷在付家督ニ被成下度由、同弐年五月廿日三郎兵衛并親類共願申上候処同廿三日三郎兵衛致病死候。跡式拙者ニ被下置度段追而同年六月十三日親類共奉願候処、如願跡式御番所共ニ無御相違拙者ニ被　仰付旨、同年十一月十日右内匠を以被　仰渡御番相勤申候。
貞享弐年十一月十日御日付之
御朱印同五年四月朔日奉頂戴候。先祖之儀は右善太郎父同氏十左衛門先年書上仕候。以上

元禄四年三月廿六日

123 貝山文平

一 拙者儀貝山太兵衛次男無進退に而罷在候処、右太兵衛御知行高拾弐貫八百文之内壱貫四百文宛拙者并三男安之丞両人ニ被分下置御奉公為仕度段、貞享三年九月右太兵衛願申上候処ニ、同月廿八日願之通被分下旨佐々豊前を以被　仰渡候。同年十一月御番入奉願候処ニ、同十二月十九日ニ松元出雲御番組御広間被　仰付旨右豊前を以被　仰渡御番相務申候。

御朱印は丹今不奉頂戴候。先祖之儀は先年右太兵衛書上仕候。以上

元禄四年三月廿日

124 貝山安之丞

一 拙者儀貝山太兵衛三男無進退ニ而罷在候処、右太兵衛御知行高拾弐貫八百文之内壱貫四百文宛次男文平・拙者両人ニ被分下置御奉公為仕度候段、貞享三年九月右太兵衛願申上候処、同月廿八日ニ願之通被分下旨佐々豊前を以被　仰渡候。同年十一月御番入奉願候処、同十二月十九日ニ松元出雲御番組御広間被　仰付旨右豊前を以被　仰渡御番相務申候。

御朱印は丹今不奉頂戴候。先祖之儀者先年右太兵衛書上仕候。以上

元禄四年三月十九日

元禄四年五月日

六　之　牒

125　伊　藤　傳　吉

一　拙者先祖葛西譜代ニ御座候。亡父新之丞拙者迄浪人ニ而罷在候。拙者儀右新之允（ママ）嫡子ニ御座候処、縁者多ケ谷市左衛門御知行高四拾壱貫弐百三拾六文之内新田壱貫弐百三拾六文之所、拙者ニ被分下被召出度旨貞享三年十一月十三日市左衛門并双方親類共奉願候処、如願被分下被召出之旨同年十二月十九日佐々豊前を以被　仰渡候。同月ゟ大條監物手前物書御用相勤申候。同四年正月御番入願申上候処御番所御広間佐藤杢組江被相入旨右豊前を以被　仰渡候。其以後右御用相務候付御番所上ケ被下度由監物申上候処、御次之間江上ケ被下旨同五年二月九日柴田内蔵を以被　仰渡候。同年三月十八日御祐筆役被　仰付候段豊前を以被　仰渡、同年十二月十六日為御加増御切米壱両御扶持方四人分被下置、御知行壱貫弐百三拾六文取合三両四人分之積ニ被成下之旨右内蔵を以被　仰渡候。丹今御朱印者不奉頂戴候。以上

元禄四年三月廿九日

126　本多郷右衛門

一　拙者祖父本多将監与申候者伊達御譜代之由承伝候。祖父以前之儀ハ不承伝候。右将監儀病人故嫡子同氏六助と申者、

貞山様御代伊達ニ而御奉公仕伊達ニ而病死仕候由承伝候。御奉公之品并進退何程ニ而御座候哉不承伝候。六助病死之砌次男・三男ニ右六助跡式不申立、将監儀次男本多惣右衛門・三男本多喜左衛門召連御当地江罷下、両人共ニ

御同代御鷹師ニ被召出引続只今子孫御奉公仕候。被召出候年月御申次等ハ不承伝候。拙者亡父右喜左衛門嫡子拙者ニ者兄同氏吉左衛門儀、

義山様御代御大所衆ニ被召出、御切米壱両御扶持方四人分被下置候。何年何月誰を以被　仰渡候哉不承伝候。右吉左衛門儀於江戸承応三年七月病死仕子共無御座候付、右吉左衛門跡式拙者ニ被下置度由同年九月親類共願申上候処、如願跡式御切米壱両四人御扶持方拙者ニ被下置旨、同年十一月古内故主膳を以被　仰渡候。同四年四月御番入奉願候処、後藤古孫兵衛組御番所御広間被　仰付旨、明暦元年八月木村古久馬を以被　仰渡候。然処拙者儀男子無御座候付大浦半右衛門次男平三郎壻養子ニ被成下、右半右衛門御知行高六貫三百弐拾四文之内壱貫弐百文之所拙者ニ被分下度由、

御当代貞享五年九月双方并親類共願申上候処、如願被成下旨元禄元年十二月廿三日富田壹岐を以被　仰渡候。

御朱印者丹今不奉頂戴候。拙者儀当時御代官御用相勤罷在候。以上
元禄四年三月廿七日

127　御歩小性組
村尾正兵衛

一　拙者曾祖父羽柴内膳儀北条氏政・氏直江奉公仕候。然処一風軒東福寺ニ御座候砌、氏政・氏直江従
貞山様御通用之御取次内膳ニ被　仰付之由承伝候。右内膳子共
貞山様ニ而被召仕候様ニ仕度由、兼々右一風軒江内膳申達由ニ而、小田原落城之刻内膳討死仕ニ付、伊達御領之刻一風軒ゟ伊達之光明寺江内膳子共正七三歳之節被相下、屋代勘解由ニ被　仰付御扶持被成下由承伝候。年月者不承伝候。右正七儀七歳ニ而御奥小性ニ
御同代天正十九年ニ被召出、羽柴之苗字相改村尾ニ被　仰付被召出由ニ御座候。月日御申次進退高不承伝候。
貞山様伊達（マヽ）ゟ岩出山江御取移之節御知行被下置由御知行高并年月御申次不承伝候。右正七慶長十八年九月病死仕候。正七嫡子拙者亡父甚左衛門三歳ニ罷成幼少故、右甚左衛門母ニ平井清四郎と申大和浪人ニ御座候を御取合被成下旨、為
御意茂庭石見を以同年十二月廿三日被　仰付候。右御知行は清四郎ニ被下置由承伝候。右清四郎其以後清左衛門与名改被　仰付候。右甚左衛門無進退ニ而罷在候処、寛永五年ニ十八歳ニ而大町勘解由手

前御歩小性組ニ被召出、御切米壱両壱分四人御扶持方被下置御番所御次之間ニ被　仰付候。月日御申次は不承伝候。

義山様御代甚左衛門明暦二年賀美（ママ）郡鷹巣村ニ而野谷地三町并在郷屋鋪壱軒其節之御郡司鹿又五郎右衛門を以拝領仕候。万治元年右谷地起目江御竿被相入代高五百五拾三文之所、

御当代寛文元年十一月十六日奥山大学を以被下置候。且亦右屋鋪江御竿被相入進退高ニ被成下度由、延宝九年六月十三日ニ右甚左衛門奉願、天和弐年正月甚左衛門病死仕候ニ付、跡式嫡子拙者被下置度由同年三月十一日親類共願申上候処、跡式無御相違御切米壱両壱分四人御扶持方御知行五百五拾三文之所被下置、不相替御番所御次之間御歩小性組共ニ被　仰付由同年五月廿一日佐々伊賀を以被　仰渡候。右甚左衛門存生之内奉願候右在郷屋敷江御竿被相入、代高六百三拾五文之所拙者ニ被下置旨同年十二月十三日遠藤内匠を以被　仰渡、拙者進退御知行壱貫百八拾八文御切米壱両壱分四人御扶持方之高ニ被成下候。天和三年八月日与御座候

御朱印貞享元年三月九日ニ奉頂戴候。拙者儀当時黒川郡吉田村御境横目御用相務罷在候。以上

元禄四年四月十八日

128　芳賀伊兵衛

一　拙者儀亡父芳賀正左衛門次男無進退に而罷在候処、兄同氏正左衛門御知行高十六貫百七拾六文之内壱

貫百七拾六文之所拙者ニ被分下度由、天和三年閏五月九日右兄正左衛門奉願候処、願之通被分下御番所御広間奥山勘解由組ニ被相入旨、同月廿二日柴田中務を以被　仰渡御番相勤申候。天和三年八月日与御座候

御朱印貞享元年三月九日ニ奉頂戴候。先祖之儀は右兄正左衛門先年書上仕候。以上

元禄四年三月廿九日

129　戸田四郎兵衛

一　拙者曾祖父戸田彦九郎儀戸田信濃守弟ニ而下総国古河ゟ浪人仕由承伝候。右彦九郎儀如何様之品ニ而被召出候哉、

直山様御代天文七年被召出御奉公仕候由承伝候。何様之御奉公仕進退何程ニ御座候哉被召出候申次共ニ不承伝候。其以後名改被　仰付九郎左衛門ニ罷成由承伝候。右九郎左衛門一子文次郎十三・四歳ニ而永禄四・五年之頃

御同代九郎左衛門跡式文次郎ニ被下置、御奥小性相務申由承伝候。御申次并進退共ニ不承伝候。其後八如何様之御奉公仕候哉、

保山様・性山様・貞山様御代迄引続御奉公仕、右文次郎名改被　仰付九郎左衛門ニ罷成、

貞山様米沢ゟ岩出山江被遊御移之節御供仕候。祖父九郎左衛門何時之頃ニ御座候哉、不調法御座候而両

度迄進退被召上無間も両度共ニ被召返由承伝候。右九郎左衛門七十九歳に而寛永四年二月病死仕候ニ付、跡式御切米三切余御扶持方三人分右九郎左衛門次男亡父九郎兵衛ニ被下置、茂庭古周防御番組ニ而御奉公仕罷在候由承伝候。御番所并右御申次不承伝候。且亦御歩小性組者其節御馬廻近被召仕候ニ付、九郎兵衛儀年若御座候間、右御奉公被　仰付被下置度由九郎兵衛奉願候処、寛永十二年三月石母田筑後手前御歩小性組江被相加御加増被下置、御切米壱両御扶持方四人分之高ニ被成下、御番所御広間被　仰付御歩小性組之御奉公相務申候。願申上候年月并被　仰渡候年月御申次共不承伝候。

義山様御代九郎兵衛名改被　仰付理右衛門ニ罷成候。

御当代右理右衛門万治三年八月病死仕候ニ付跡式嫡子文次郎ニ被下置候。文次郎名改被　仰付当時九郎兵衛と申候。拙者儀亡父理右衛門次男無進退にて罷在候処、親類細谷甚兵衛御知行高十弐貫百弐拾九文之内壱貫百弐拾九文之所拙者ニ被分下度旨、天和三年六月朔日ニ右甚兵衛・九郎兵衛奉願候処、如願被分下被召出由、同年七月晦日佐々伊賀を以被　仰渡候。同年九月廿一日ニ御番入奉願候処、御番所御広間大條三郎左衛門御番組ニ被　仰付旨同廿三日柴田中務を以被　仰渡候。天和三年八月日与御座候

御朱印貞享元年三月九日ニ奉頂戴候。以上

元禄四年三月廿五日

130　小川弥七郎

一　拙者儀亡父小川弥平次二男無進退に而罷在候処、右弥平次栗原郡二迫之内鶯沢村ニ而除屋鋪壱軒、義山様御代中嶋監物御申次に而拝領致所持候。年月者不承伝候。右除屋鋪江御竿被相入被下置度由御当代延宝五年六月廿二日弥平次願申上候処、同六年御竿被相入代高四百九拾四文之所拙者ニ被下置似合敷御奉公被　仰付被下置度由、同年四月十三日右弥平次奉願候処、願之通拙者ニ被下置被召出旨、同八年三月十一日柴田中務を以被　仰渡候。且亦右弥平次御知行高三貫六百拾八文之内五百九拾八文拙者ニ被分下御知行高ニ被成下度由、同年四月十三日右弥平次奉願候処、願之通被分下取合壱貫九拾弐文之高ニ被成下、御番所御広間大町備前御番組ニ被　仰付之旨同年閏八月九日右中務を以被　仰渡候。天和三年八月日与御座候御朱印貞享元年三月九日奉頂戴候。先祖之儀は右弥平次先年書上仕候。以上

元禄四年三月廿九日

131　矢嶋正吉

一　拙者養祖父矢嶋権兵衛儀松平加賀守殿下中ニ而奉公仕罷在候処、品有之御暇申請御当地江罷下先輕部次郎兵衛頼罷有候処、義山様御代古内伊賀を以御切米五両四人御扶持方被下置被召出中之間御番所被　仰付候。被召出候年月

不承伝候。其後慶安五年桃生郡深谷之内須江村ニ而野谷地山口内記を以拝領、開発高五百七拾三文被下置之由承伝候。年月御申次不承伝候。拙者養父弥五兵衛儀も生国者加州右権兵衛甥ニ御座候。浪人ニ而罷在御当地江罷下候由ニ御座候。年月ハ不承伝候。然処右権兵衛子共持不申候ニ付、右弥五兵衛養子ニ仕度段願申上候処、

品川様御代万治三年二月十八日願之通被　仰付御番代相務申由承伝候。願申上候年月并被　仰渡候御申次不承伝候。

御当代寛文八年二月十日権兵衛隠居之願指上候処、願之通被　仰付跡式御知行高五百七拾三文御切米五両四人御扶持方無御相違、同年十一月廿五日原田甲斐を以弥五兵衛ニ被下置候。然処弥五兵衛男子無之ニ付拙者儀菅井吉左衛門三男無進退ニ而罷在候処、壻養子ニ仕度段延宝七年七月四日双方并親類共願申上候処、願之通被　仰付旨同廿七日佐々伊賀を以被　仰渡候。且又弥五兵衛儀天和三年正月病死仕候ニ付跡式拙者ニ被下置度由同年二月親類共願申上候処、願之通同年三月廿三日跡式無御相違被下置、御番所不相替中之間被　仰付旨遠藤内匠を以被　仰渡候。且亦拙者在郷除屋鋪壱軒桃生郡深谷之内須江村ニ而、正保三年十一月山口内記・和田因幡を以拝領仕候処、右屋鋪江御竿被相入高ニ被成下度段貞享弐年三月願申上御竿被相入、高五百十五文之所同三年九月十五日被下置段、右内匠を以被　仰渡御知行高取合壱貫八拾八文御切米五両四人御扶持方被成下候。

御朱印者丹今不奉頂戴候。以上

元禄四年三月廿三日

132　御徒組　林　三　右　衛　門

一　拙者儀林道周次男無進退ニ而罷在候処、
御当代寛文六年八月十六日古内志摩を以御切米壱両弐分御扶持方四人分新規ニ被下置御徒組被召出候。
同十一年為御加増御切米弐切被下置、御切米弐両御扶持方四人分之高ニ被成下候。月日御申次失念仕
候。拙者儀寛文十二年於江戸怪我仕右之腕打折御徒組御奉公不罷成、其節実子所持不仕候ニ付、福地
太兵衛三男新六郎養子家督ニ被成下御番代被　仰付被下置度段、延宝七年双方并親類共奉願候処ニ願
之通被　仰付旨、同八年正月十八日大町備前を以被　仰渡候。右新六郎儀江戸御国共御番代奉勤仕候。
拙者儀小進（ママ）ニ付拙者妻伯父関新右衛門御知行高拾三貫三百七拾四文之内壱貫七拾四文拙者ニ被分下度
由、貞享三年八月五日右新右衛門奉願候処、願之通被分下旨同年九月十五日佐々豊前を以被　仰渡候。
丹今
御朱印は不奉頂戴候。先祖之儀ハ先年兄林六郎右衛門書上仕候。以上
　元禄四年四月十九日

133　安藤伊右衛門

一　拙者祖父犬飼但馬、拙者父同氏伊右衛門儀者右但馬三男無進退ニ而罷有候処、品川様御代万治二年極月廿九日和田故隼人を以御切米壱両弐分御扶持方四人分被下置新規ニ被召出、其以後御番入奉願候処御番所御広間被　仰付候。年月御申次者不承伝候。然処先祖ゟ母方之苗字犬飼を相名乗罷在候故相改、父方之苗字安藤ニ被成下度段右伊右衛門願申上候。年月者不承伝候。願之通安藤ニ被成下旨、

御当代寛文三年八月古内志摩を以被　仰付候。右伊右衛門儀寛文七年六月病死仕候。其節拙者儀病人ニ付、拙者弟同氏丹三郎ニ亡父跡式被下置度段拙者并親類共同年八月願申上候処、願之通被成下旨同年十二月四日右志摩を以被　仰渡候。其後拙者病気段々本復仕候付、右丹三郎ニ被下置候亡父跡式拙者ニ譲渡申度段、寛文十二年四月丹三郎并親類共願申上候処、同年七月十三日ニ右志摩を以願之通被成下旨被　仰渡候。亡父伊右衛門代宮城郡国分七北田村ニ在郷屋鋪壱軒拝領仕候。年月御申次等者不承伝候。右屋鋪切立御竿被相入御知行高ニ被成下度由貞享二年六月十日奉願候処ニ、御竿被相入高壱貫五拾弐文ニ被成下旨同四年七月十九日大條監物を以被　仰渡候。拙者進退御知行壱貫五拾弐文御切米壱両弐分御扶持方四人分之高ニ被成下候。

御朱印は丹今不奉頂戴候。先祖之儀は惣領筋目安藤半右衛門先年書上仕候。以上

元禄四年三月廿八日

134 御歩小性組 大内理右衛門

一、拙者祖父大内内蔵丞儀大内備前親類ニ御座候而塩松ニ罷在候処、備前御当地へ罷越候時分、右内蔵允(ママ)事も御当地江相越浪人ニ而罷在病死仕候由承伝候。内蔵丞嫡子大内正左衛門儀元和九年ニ御歩小性組ニ被召出候。拙者亡父大内太左衛門儀は内蔵丞次男ニ御座候。
貞山様御代寛永五年十月十五日ニ小田邊主膳・石母田筑後指引之御歩小性組ニ被召出、御切米壱両弐分四人御扶持方被下置、御番所御次之間被　仰付候由承伝候。右御申次者不承伝候。其以後牡鹿郡門脇村に而野谷地拝領仕御竿被相入、高三百九十文之所
義山様御代慶安弐年極月廿九日古内故主膳を以拝領仕候。如何様之品ニ而被下候哉不承伝候。右太左衛門事延宝八年二月病死仕候ニ付、跡式御知行高并組付之御切米御扶持方拙者ニ被下置度由、
御当代同年四月親類共願申上候処、如願被　仰付旨同年閏八月十九日佐々伊賀を以　仰渡、御番所不相替御次之間御番相勤罷在候。且亦牡鹿郡門脇村ニ除屋鋪壱軒亡父太左衛門代拝領仕候。何年何月誰を以拝領仕候哉不承伝候。右屋鋪高ニ被成下度由貞享元年十一月願申上候ニ付而、御竿被相入代高六百三拾六文之所被下置候段、同三年九月十五日遠藤内匠を以被　仰渡、御知行高壱貫弐拾六文御切米壱両弐分四人御扶持方之高ニ被成下候。
御朱印者丹今不奉頂戴候。拙者儀当時気仙種山御林御横目御用相勤罷在候。以上
元禄四年三月廿五日

135　菅野左内

一　拙者先祖伊達御譜代之由承伝候。曾祖父菅野小六郎儀、性山様江御奉公仕候由承伝候。何様之御奉公相勤候哉進退高共ニ不承伝候。性山様ゟ但木宮内・菅野蔵人・右小六郎・菅野藤七四人連名ニ御感状被下置候。右御感状者蔵人曾孫菅野十兵衛手前ニ所持仕候。小六郎如何様之品ニ而進退断絶仕候哉、小六郎嫡子拙者祖父菅野文右衛門儀浪人ニ而伊達ゟ罷越、御当地ニ罷在候処如何様之品ニ而被召出候哉、貞山様御代御給主組ニ新規ニ御切米御扶持方被下置、組頭役相勤罷在候由承伝候。被召出候年月進退高御申次共ニ不承伝候。大坂御陣之節御供仕首壱つ討捨ニ仕由御座候。其節手を負申ニ付　御帰陣御跡ゟ御当地江罷下引続御給主組頭相勤罷在候。亡父菅野文右衛門儀祖父文右衛門一子ニ有之部屋住ニ而罷在候処、

御同代寛永十一年ニ御勘定衆ニ別而被召出御切米御扶持方被下置、其以後御加増被下御切米弐両御扶持方四人分之高ニ被成下候。被召出候月日御申次并御加増被下置候年月御申次共不承伝候。

義山様御代祖父菅野文右衛門儀寛永十九年五月病死仕候処、家督子共無之ニ付縁者宮沢太郎左衛門次男清兵衛ニ跡式被下置度旨親類共奉願候処、願之通跡式清兵衛ニ被下置候。願申上候年月并被　仰渡候年月御申次共ニ不承伝候。

御当代亡父文右衛門儀、寛文五年六月御勘定御用御免被成下御番所御広間被　仰付候。誰を以被　仰渡

候哉承伝不申候。天和弐年四月病死仕候。嫡子拙者ニ跡式被下置度由同年五月親類共奉願候処、跡式無御相違御番所共不相替拙者ニ被　仰付旨、同年七月晦日遠藤内匠を以被　仰渡候。拙者儀男子所持不仕候ニ付大江左平次次男庄助を聟養子ニ被成下、左平次御知行高十壱貫弐拾六文之内壱貫弐拾六文之所拙者ニ被分下度由、元禄元年九月双方并親類共奉願候処、如願被成下旨同年十一月三日大條監物を以被　仰渡候。拙者進退御知行壱貫弐拾六文御切米弐両御扶持方四人分之高ニ被成下候。御朱印は丹今不奉頂戴候。拙者儀当時御本穀御用相勤罷在候。以上

元禄四年三月廿九日

136　佐藤半右衛門

一　拙者養父佐藤市郎兵衛儀、越後浪人ニ而御当地江相越罷在候処ニ如何様之品ニ而被召出候哉、貞山様御代御蔵方御役人ニ被召出、御切米弐両御扶持方四人分被下置右御奉公相勤、御番所御広間被　仰付候由、右年月御申次共ニ不承伝候。右市郎兵衛儀男子所持不仕候ニ付、石黒甚兵衛山形御改易以後浪人ニ罷成御当地へ相越罷在候。甚兵衛嫡子拙者儀も浪人ニ而御当地ニ罷在候処、拙者を右市郎兵衛聟養子ニ被成下度由、

義山様御代承応二年六月市郎兵衛奉願候処如願被　仰付候。年月御申次等失念仕候。右市郎兵衛儀御当代寛文五年隠居願申上候処、同年十月十一日如願跡式御番所共ニ無御相違拙者ニ被　仰付候。右願

申上候月日并被　仰渡候御申次失念仕候。拙者儀男子所持不仕候付、山田源兵衛四男勘七郎堺苗跡ニ被成下、源兵衛嫡子同氏万六郎御知行高拾八貫文之内壱貫文之所被分下度由、延宝七年四月廿三日双方并親類共奉願候処、同年六月廿五日佐々伊賀を以願之通被　仰付候。進退高壱貫文御切米弐両御扶持方四人分ニ被成下候。天和三年八月日与御座候
御朱印貞享元年三月九日ニ奉頂戴候。延宝七年七月右之通分地被成下候条、其砌先祖書上可仕処心付不申延引此度如此御座候。以上
元禄四年三月廿七日

137　佐藤市之丞

一　拙者養祖父佐藤丹波儀伊達浪人ニ御座候由承伝候。丹波次男拙者養亡父佐藤文右衛門儀如何様之品ニ而被召出候哉、
貞山様御代御鷹師被召出御切米壱両弐分銀弐匁壱分御扶持方四人分被下置候。年月御申次等ハ不承伝候。
右文右衛門儀数年御奉公仕候処、
御当代寛文元年ニ組御免被成下、御番所御広間被　仰付之旨奥山大学を以被　仰渡候。右文右衛門嫡子
佐藤伊兵衛儀、
御当代御徒組ニ遠山勘解由を以被召出、御切米壱両弐分御扶持方四人分被下置候。年月ハ承覚不申候。

拙者儀遠藤三郎左衛門三男ニ御座候処、右文右衛門男子壱人持申候ニ付、私幼稚之節養子ニ仕指置申候拙者を文右衛門家督ニ仕度段、願申上候哉否幼少之節故承覚不申候。右文右衛門寛文十二年二月病死仕候ニ付拙者ニ跡式被下置度段同年三月五日親類共奉願候処、跡式無御相違被下置御番所不相替被仰付之旨、同年四月廿二日ニ古内志摩を以被　仰渡候。且又拙者親類山田十之丞御知行高四貫四百文之内壱貫文拙者ニ被分下度旨延宝七年七月右十之丞願申上候処、願之通被分下旨同年八月廿八日佐々伊賀を以被　仰渡候。拙者進退御知行高壱貫文御切米壱両弐分銀弐匁一分御扶持方四人分之高ニ被成下候。天和三年八月日与御座候御朱印貞享元年三月九日ニ奉頂戴候。拙者儀当時柳生権右衛門扱御郡方古切支丹類族注進御用相務罷在候。右之通延宝七年八月分地被成下候条、其砌先祖書指上可申候処ニ心付不申延引此度如斯ニ御座候。以上

元禄四年三月廿八日

138　柴原又右衛門

一　拙者儀柴原惣兵衛次男無進退ニ而罷在候処、右惣兵衛御知行高弐貫七百拾壱文御切米弐両壱分御扶持方六人分之内御知行壱貫文、拙者ニ被分下被召出相応之御奉公被　仰付被下置度由、天和元年九月七日右惣兵衛并嫡子同苗惣内願申上候処、如願被分下御番所御次之間被　仰付、茂庭大隅御番組ニ被相

入旨同年十月十六日黒木上野を以被　仰渡候。天和三年八月日与御座候
御朱印貞享元年三月九日ニ奉頂戴候。先祖之儀は先年右惣兵衛書上仕候。以上
元禄四年四月晦日

139　松原喜右衛門

一　拙者養父松原徳右衛門儀、御大工棟梁出雲次男無進退ニ而罷在候処、
貞山様御代御切米四両四人御扶持方被下置御大工職ニ被召出候。年月御申次不承伝候。右御奉公首尾能
相勤候段奥山古大学を以被　仰渡苗字御免被成下、御作事方御積横目被　仰付由年月不承伝候。引続
諸事首尾能相勤候ニ付、
義山様御代古御材木小奉行ニ御役目替被成下年久鋪(ママ)相勤申由承伝候。拙者亡父相沢常慶と申者大崎浪人
ニ而罷在候。拙者儀ハ右常慶一子ニ御座候。
御同代明暦元年八月十六日山口内記・真山刑部を以御切米壱両四人御扶持方被下置、御作事方金銀御勘
定仕候物書ニ被召出、御番外ニ而相沢喜右衛門と申候時分右松原徳右衛門娘拙者妻女ニ仕候処、拙者
を家督養子ニ被成下右徳右衛門御切米四両四人御扶持方拙者ニ被下置、拙者持来候御切米壱両御扶持
方四人分之所ハ徳右衛門ニ御取替被下置、徳右衛門儀御作事方支配御免被成下度段、其節之御作事奉
行櫻田彦右衛門・木幡古又右衛門を以右徳右衛門奉願候処、願之通被　仰付拙者苗字松原ニ被成下候

旨、万治元年霜月十九日右内記・刑部を以右彦右衛門・又右衛門ニ被　仰渡候。右願申上候年月ハ失念仕候。御番入之儀者
品川様御代同三年三月御番所御広間古田九兵衛を以被　仰付候。拙者儀男子所持不仕候付馬渕二左衛門三男武右衛門婿養子ニ被成下、右二左衛門御知行高五拾壱貫文之内壱貫文拙者ニ被分下度段、
御当代天和二年九月廿日双方并親類共奉願候処、願之通被成下旨同年十月廿七日遠藤内匠を以被　仰渡候。拙者進退御知行壱貫文御切米四両四人御扶持方之高ニ被成下、天和三年八月日与御座候
御朱印貞享元年三月九日ニ奉頂戴候。先祖之儀は嫡子筋目松原儀左衛門書上仕候。以上
元禄四年三月廿三日

140　平渡源之丞

一　拙者儀亡父平渡喜兵衛次男無進退ニ而罷在候処、兄同氏正七郎御知行高六貫三文之内壱貫文拙者ニ被分下御奉公為仕度由、天和三年八月廿二日右正七郎奉願候処、如願被分下被召出旨、同年九月六日佐々伊賀を以被　仰付候。依之相応之御番所をも被　仰付被下置度由、同年九月十四日願申上候処、大町備前組御番所御広間同年九月廿八日柴田中務を以被　仰付候。天和三年九月六日御日付之御朱印貞享弐年五月廿八日ニ奉頂戴候。先祖之儀は右正七郎先年書上仕候。拙者儀当時御本穀御用相務罷在候。以上

元禄四年三月廿一日

141　安　藤　丹　三　郎

一　拙者儀亡父安藤伊右衛門次男ニ御座候処、寛文七年六月右伊右衛門病死仕候。其節兄当伊右衛門病人ニ付、亡父跡式拙者ニ被下置度段右伊右衛門并親類共同年八月願申上候処、同年十二月四日古内志摩を以願之通被　仰渡候。其後兄当伊右衛門病気本復仕候ニ付、拙者ニ被下置候亡父跡式兄伊右衛門ニ譲渡申度段、寛文十弐年四月拙者并親類共願申上候処、同年七月十三日右志摩を以如願被成下旨被　仰渡候。其以後拙者儀無進退ニ而罷在候ニ付、従弟同氏半右衛門御知行高三貫七百三拾三文之内壱貫文被分下度段、貞享元年三月七日右半右衛門并親類共願申上候処ニ、同年四月廿五日佐々伊賀を以願之通被分下旨被　仰渡候。同年五月九日御番入願申上候処、同年七月八日御番所御広間茂庭大隅御番組ニ佐々伊賀を以被　仰渡候。貞享元年四月廿五日御日付之御朱印同年七月廿八日ニ奉頂戴候。先祖之儀は兄同氏伊右衛門書上仕候。拙者儀当時御穀留御用相勤罷在候。以上

元禄四年三月廿八日

142　粟野弥平次

一　拙者曾祖父粟野刑部儀名取之内北方領地仕、同所沖館ニ居住仕候由承伝候。進退断絶仕沖館引除申候以後病死仕、其子嫡子對馬儀ハ伊達三河殿江奉公仕候由承伝候。刑部進退如何様之品ニ而断絶仕候哉不承伝候。右對馬嫡子同苗傳右衛門儀無進退ニ而罷在候処、

貞山様御代大坂初之御陣之節浪人ニ而罷登名村先金右衛門を相頼罷在候処、右金右衛門御申次ニ而於大坂御歩小性組ニ被召出、御切米壱両御扶持方四人分被下置、重而之御陣之節ハ御供仕罷登候由承伝候。御歩小性組ニ被召出候年月不承伝候。其以後為御加増御切米三切銀九匁六分御扶持方壱人分被下置、御切米壱両三分銀九匁六分御扶持方五人分之高ニ被成下由承伝候。右年月御申次等不承伝候。右傳右衛門儀

義山様御代定御供並之御奉公被　仰付、江戸御国共ニ数年相勤年罷寄江戸詰之御奉公訴訟申上候処ニ御赦免被成下、其上御小性組迄御免被成下旨、慶安元年四月廿五日山口内記を以被　仰渡、且亦御番所中之間被　仰付、笠原修理御番組ニ被相入之旨、同年八月朔日右内記を以被　仰渡候。右傳右衛門寛文十年四月病死仕候ニ付嫡子拙者ニ跡式被下置度旨、

御当代同年六月親類共奉願候処、願之通跡式無御相違御番所不相替拙者ニ被　仰付旨、同年七月廿七日柴田外記を以被　仰渡候。拙者儀男子所持不仕候ニ付而、櫻田悦之助弟左助壻養子ニ被成下、悦之助御知行高十八貫八百六拾文之内壱貫文拙者ニ被分下度旨、双方并親類共貞享三年閏三月九日奉願候処、

願之通被成下旨同月廿一日佐々豊前を以被　仰渡候。拙者御知行壱貫文御切米壱両三分銀九匁六分御扶持方五人分之高ニ被成下候。丹今
御朱印者不奉頂戴候。拙者儀当時牡鹿郡遠嶋山林御用致勤仕候。以上
　元禄四年四月二日

143　岡本安右衛門

一　拙者祖父岡本与左衛門儀、
陽徳院様江御寄附御番御奉公仕候。与左衛門嫡子亡父同氏七右衛門儀部屋住ニ而罷在候処、寛永三年ニ
　橋本伊勢を以
陽徳院様御大所衆ニ被召出、新規ニ御切米壱両弐分銀四匁御扶持方四人分被下置相勤申候。月日者不承伝候。右七右衛門儀慶安弐年九月病死仕候ニ付、跡式嫡子拙者ニ下置度由同年極月親類共願申上候処、私九歳ニ罷成候節以御減少御切米三切銀弐匁御扶持方四人分被下置旨、慶安三年二月橋元古隼人を以
被　仰渡候。拙者儀
品川様御代万治元年ニ大條兵庫を以御大所衆ニ被　仰付、同年十月右兵庫を以御加増壱切被下置御切米
　壱両銀弐匁御扶持方四人分ニ被成下、
御当代迄引続右御奉公相勤申候。寛文六年九月渋川助太夫を以為御加増御切米弐切被下置、御切米壱両

弐分銀弐匁御扶持方四人分之高ニ被成下候。拙者儀渡邊金兵衛親類ニ御座候ニ付、同十弐年三月各務采女を以御大所組被相除御番外ニ被　仰渡、天和二年三月遠藤内匠を以御番所御広間被　仰付、宮内土佐御番組ニ被相入御番相勤申候。拙者儀男子持不申候ニ付、櫻田弥兵衛次男七平聟養子ニ被成下、右弥兵衛御知行高八貫七百九拾五文之内壱貫文拙者ニ被分下度由、双方并親類共貞享四年七月願申上候処、同年八月冨田壱岐を以願之通被　仰渡、拙者進退御知行壱貫文御切米壱両弐分銀弐匁御扶持方四人分之高ニ被成下候。丹今御朱印者不奉頂戴候。祖父已前之儀者不承伝候。以上

元禄四年三月廿七日

144 高橋吉兵衛

一 拙者養先祖米沢御譜代之由承伝候得共、誰様御代先祖誰如何様之御奉公相勤候哉養祖父以前之儀不承伝候。養祖父高橋正右衛門儀御切米弐切御扶持方四人分被下置、御番所御広間被　仰付候由承伝候。誰様御代被召出右進退被下置候哉年月并御申次不承伝候。正右衛門嫡子同苗八十郎儀、義山様御代要山様江御小性組ニ被召出、新規ニ御切米三両三分銀拾弐匁御扶持方四人分被下置之由承伝候。右八十郎十八歳ニ而病死仕候処、正右衛門次男留守松ニ八十郎跡式被下置候。拙者養父高橋丹右

衛門儀右正右衛門三男無進退ニ而罷在候処、
御同代御国御小性組ニ新規ニ被召出、御切米三両御扶持方四人分被下置相勤、其以後御小性組御免被成下御番所虎之間被　仰付候。被召出候年月御申次并御小性組御免被成下御番入被　仰付候年月御申次共ニ不承伝候。右養祖父正右衛門嗣子無御座候故、本宮縫殿次男傳三郎養子家督ニ仕度由奉願候処願之通被　仰付、正右衛門隠居跡式御切米弐切御扶持方四人分無御相違御番所共ニ不相替右傳三郎ニ被　仰付候。右丹右衛門儀男子無之ニ付、朝倉覚兵衛次男拙者無進退ニ而罷在候間壻養子ニ被成下度由、御当代寛文十壱年六月廿八日双方并親類共奉願候処ニ、同年八月十三日如願被　仰付候由片倉中小十郎を以被　仰渡候。丹右衛門儀延宝三年二月病死仕候ニ付、跡式拙者ニ被下置度由同年三月十六日親類共願申上候処ニ、願之通跡式御番所共ニ無御相違被　仰付旨、同年閏四月廿八日柴田中務を以被　仰渡候。拙者儀男子所持不仕候ニ付櫻井三太夫次男彦七郎壻養子ニ被成下、右三太夫御知行高十六貫文之内壱貫文拙者ニ被分下度由、貞享五年正月十三日双方并親類共奉願候処ニ、願之通被成下旨同年三月十八日佐々豊前を以被　仰渡候。拙者進退御知行壱貫文御切米三両御扶持方四人分ニ被成下候。
御朱印は丹今不奉頂戴候。以上

元禄四年四月十三日

145 御歩小性組　岩松長兵衛

一　拙者曾祖父岩松監物儀最上義光公御下中ニ御座候由申伝候。祖父同氏圖書儀右監物三男ニ御座候由、元和八年最上被相禿候付、右図書并嫡子同氏六兵衛共ニ同年九月御当地江罷越、浪人ニ而罷在候処ニ右六兵衛儀、
貞山様御代寛永元年ニ茂庭了庵申立を以大町駿河組御歩小性ニ被召出、御切米弐両御扶持方四人分被下置御番所御広間被　仰付候。誰を以被　仰渡候哉不承伝候。
義山様御代寛永十五年八月
御二之丸御普請御取立被成置候節ゟ御作事方定御用被　仰付相勤申候内、御歩小性組御免被成下度旨御作事奉行櫻田彦右衛門・木幡古又右衛門奉願候処、明暦四年正月廿五日御歩小性組御免被成下旨、山口内記・真山刑部を以被　仰付候。右六兵衛嫡子同氏新兵衛儀御歩小性組ニ被召出被下度由後藤古孫兵衛奉願候処ニ、右同人組御歩小性ニ新規ニ被召出旨、慶安四年九月右孫兵衛を以被　仰渡、御切米壱両御扶持方四人分被下置、孫兵衛御番組御広間被　仰付候。
御当代延宝三年六月右六兵衛願申上候ハ、隠居被　仰付嫡子新兵衛儀組進退共ニ被相除家督ニ被成下度由奉願候処、如願新兵衛組御免六兵衛跡式御切米弐両四人御扶持方被下置、御番所共ニ無御相違被　仰付由同月廿八日柴田中務を以被　仰渡候。拙者儀右六兵衛次男無進退にて罷在候処、寛文五年十月江戸御金方御用和田先織部・田村圖書を以被　仰付相勤罷在候処、右新兵衛明間御歩小性組ニ被召出被

下置度由、延宝四年二月和田半之助奉願同人組ニ新規ニ被召出、御切米壱両四人御扶持方被下置御番所御広間被　仰付段、同年三月十六日右半之助を以被　仰渡候。拙者儀氏家縫殿組御歩小性組ニ御座候処、貞享四年霜月十九日右縫殿を以御歩小性組頭被　仰付候。元禄三年三月組頭並ニ御番所上ケ被下度由、御番頭茂庭下野・御歩小性頭氏家縫殿奉願候処、御次之間ニ上ケ被下旨同年極月十八日大條監物を以被　仰渡候。拙者儀子共持不申候付大窪伊右衛門弟平七郎家督養子ニ被成下、伊右衛門御知行高九貫四拾弐文之内壱貫文拙者ニ被分下度由、双方并親類共元禄元年霜月奉願候処ニ、如願被　仰付旨同弐年閏正月十六日冨田壱岐を以被　仰渡候。拙者進退高御切米壱両御扶持方四人分御知行壱貫文被成下候。

御朱印ハ丹今不奉頂戴候。当時氏家縫殿手前御歩小性組頭役相務罷在候。以上

元禄四年三月廿五日

146　小田嶋久内

一　拙者曾祖父小田嶋大和儀最上野邊沢遠江下中ニ御座候処、元和八年最上被相禿候刻、嫡子同苗八左衛門召連父子共ニ浪人ニ罷成御当地江罷越浪人ニ而罷在候。右八左衛門嫡子拙者親同氏六右衛門儀如何様之品ニ而被召出候哉、

貞山様御代寛永六年横尾伊勢手前御不断組ニ被召出、御切米三切銀六匁四分三人御扶持方被下置御奉公

仕候。月日御申次者不承伝候。
義山様御代右六右衛門明暦弐年正月病死仕、跡式無御相違嫡子同氏金右衛門ニ被下置候。拙者儀右六右衛門次男無進退ニ而罷在候処、吉江五左衛門御不断組支配之砌右五左衛門奉願、
御当代寛文三年九月九日新規ニ御不断組ニ被召出、御切米壱両銀壱匁八分三人御扶持方被下置旨右五左衛門を以被　仰渡候。同四年十月ゟ御屋鋪方御用被　仰付、貞享三年訖(迄)弐拾三ケ年右御用相勤申候処、御組御免被成下度由御屋鋪奉行新妻廣右衛門・青木伊右衛門奉願候処、願之通組御免被成下旨同年閏三月十日遠藤内匠を以被　仰渡、御番外ニ而罷在候ニ付、同年四月御番入奉願候処ニ御番所御広間遠藤帯刀御番組ニ被相入旨、同年五月廿二日右内匠を以被　仰渡候。拙者儀男子所持不仕候ニ付引地喜左衛門次男兵次郎聟養子ニ被成下、且亦右兵次郎叔父百々金十郎御知行高五貫五拾弐文之内壱貫文拙者ニ被分下進退高ニ被成下度由、双方并親類共元禄元年極月奉願候処、願之通被成下旨同弐年四月九日冨田壱岐を以被　仰渡、拙者進退御知行壱貫文御切米壱両銀壱匁八分三人御扶持方之高ニ被成下候。御朱印は丹今不奉頂戴候。右御屋敷方御用引続相務罷在候。以上

元禄四年三月廿六日

147 大窪伊兵衛

一 拙者儀亡父大窪二兵衛次男無進退に而罷在候処ニ、兄同苗長太郎御知行高七貫九百十九文之内壱貫文之所拙者ニ被分下被召出似合鋪御番所被　仰付被下置度旨、元禄三年正月廿九日右長太郎奉願候処、願之通被分下旨同年十月廿三日冨田壱岐を以被　仰渡候。御番入之儀者追而可被　仰渡段其節被　仰渡、同年十一月六日御番所中之間被　仰付、佐藤杢御番組ニ被相入由津田民部を以被　仰渡候。御朱印者丹今不奉頂戴候。先祖之儀者右同苗長太郎先年書上仕候。以上

元禄四年三月廿八日

元禄四年五月日

御城番衆支配

148 横尾軍太夫

一 拙者先祖

御家御譜代因茲

念西様始而奥州江　御下向之刻御供仕罷下、

直山様御代横尾美作・同大隅与申者兄弟共ニ御家老衆列座ニも被相加、其上両人共ニ武勇依有之右美佐

儀黒母衣迄被　仰付之由申伝候。美作儀女子壱人持申候ニ付而壻苗跡被　仰付之由名は不承伝候。其

子横尾大学与申者、

性山様御代御近習ニ被召仕御知行百貫文被下置、御座敷ニ被指置之由申伝候。右大学女子壱人出生仕三

歳之時大学死去仕候。依之右之娘ニ従

貞山様御知行弐拾貫文被下置被指置候。其後奥山大炊親大学ニ御取合被成横尾之苗字相続被　仰付、其

以後御加増被下五拾貫文ニ被成下御奉公仕候処、奥山出羽死去仕ニ付而跡式御役目共ニ曾祖父大学ニ

被　仰付候。

義山様御代古大学死去跡式無相違祖父大炊ニ被　仰付候故、横尾之苗字断絶仕ニ付而

御当代大炊隠居仕候節奉願、大炊三男三郎兵衛横尾之苗字被　仰付、大炊御知行高六百貫文之内三拾貫文被下置相続仕候処、延宝九年霜月長江六郎病死仕候ニ付而右三郎兵衛長江之苗跡被　仰付候ニ付、三郎兵衛ニ被下置候御知行其節被召上候処、貞享三年十一月十四日右御知行大炊ニ被返下候ニ付而、同四年十二月朔日大炊奉願候者、被返下候御知行三拾貫文大炊死後拙者ニ被下置、横尾之苗跡被立下度由願申上候処、願之通被成下之旨同年極月十三日柴田内蔵を以被　仰渡候。右大炊元禄弐年正月病死仕候ニ付而、大炊存生奉願候通横尾之御知行三十貫文拙者ニ被下置、横尾之苗跡ニ被成下旨同年四月九日冨田壱岐を以被　仰付候。幼少ニ御座候故御番入願不申上候。当時御城番衆支配ニ御座候。

御朱印は丹今不奉頂戴候。拙者儀芳賀典膳次男ニ御座候。以上

元禄四年三月廿一日

149　橋本左内

一　拙者儀橋本隼人次男御座候処、延宝六年二月六日黒木上野宅ニ而小梁川修理を以被　仰渡候者、母伊沢儀

浄眼院様に而被召仕候御首尾を以御小姓組ニ被召出、御切米六両御扶持方四人分被下置旨被　仰渡候。

天和元年十二月四日御座之間江被召出御知行拾五貫文被下置候。右御切米御扶持方は其節被召上候。天和三年八月日と御座候
御朱印同四年二月十一日奉頂戴候。拙者儀病気付去年十月十五日御小性組御免被成、当時御城番衆支配ニ被　仰付候。且又先祖之儀は兄同性(ママ)刑部方より先年書上仕候。以上
元禄四年三月廿一日

150　三浦久太夫

一　三浦久太夫養曾祖父三浦左覚儀三浦古久左衛門次男、無進退ニ而罷在候処、義山様御代正保三年御不断組ニ被召出新規ニ御切米三切御扶持方三人分被下置候。月日并御申次不承伝候。左覚儀慶安元年ゟ御大所御八百屋御用被　仰付相勤、承応元年ニ右御組御免被成下御番所御広間被　仰付候。御申次不承伝候。
御当代寛文六年九月廿一日御切米弐両御扶持方四人分ニ被成下旨柴田外記を以被　仰付由承伝候。同拾年霜月左覚病死仕候ニ付、跡式御番所共ニ嫡子甚之丞ニ被　仰付被下度由同極月親類共奉願候処、如願右甚之丞ニ被下置之旨同十一年二月十一日古内志摩を以被　仰渡候。甚之丞儀延宝四年八月病死仕候。子共無之ニ付右久太夫亡父六兵衛儀右左覚兄同苗久左衛門次男ニ御座候而甚之丞従弟ニ御座候間、甚之丞跡式六兵衛ニ被下置度由同年九月親類共奉願候処、如願跡式御番所共ニ無御相違右六兵衛ニ被

仰付旨同年十一月九日小梁川修理を以被　仰渡候。六兵衛親久左衛門持来進退御知行弐貫四百文御切米壱両壱分御扶持方三人分之内右御知行六兵衛ニ被相添進退高ニ被成下度由右久左衛門奉願候処、如願被添下御切米弐両御扶持方四人分御知行弐貫四百文之高ニ被成下旨、同七年十月六日柴田中務を以被　仰渡候。願申上候年月不承伝候。天和三年八月日与御座候
御朱印奉所持候。六兵衛儀元禄三年八月病死仕候ニ付、跡式嫡子久太夫ニ被下置度由同年九月十一日親類共奉願候処、同十月三日跡式無御相違久太夫ニ被下置旨富田壱岐を以被　仰渡候。久太夫儀幼少ニ付御番入不奉願候。当時御城番衆支配ニ而罷在候。
御朱印ハ丹今不奉頂戴候。先祖之儀ハ先年左覚兄同苗久左衛門書上仕候。右久太夫儀三歳ニ罷成候付拙者共依親類如斯御座候。以上

元禄四年五月廿六日

三浦平兵衛
三浦権兵衛

151　河東田五郎助

一　拙者亡父河東田甚之丞儀河東田縫殿弟無進退に而罷在候処、品川様御代茂庭故周防を以万治弐年御目見仕御国御番御次之間相務申候。何様之品に而御目見被　仰付候哉并御番入被　仰付候御申次等不承伝候。

御当代寛文九年四月廿日古内志摩を以御切米弐両御扶持方四人分被下置候。然処甚之丞儀小進（ママ）ニ而御番等相勤兼申ニ付、右縫殿嫡子同氏善兵衛開発之新田弐貫三百文亡父甚之丞ニ被下置度由、延宝三年二月右善兵衛奉願候処、願之通被下置旨、同年九月朔日ニ柴田中務を以被　仰付、甚之丞進退高御知行弐貫三百六文御切米弐両御扶持方四人分ニ被成下候。右甚之丞儀貞享三年閏三月病死仕候処、拙者拾歳ニ罷成候得共

御目見不為仕候ニ付、同年長沼九左衛門を以跡式被相禿候段被　仰渡候。月日は失念仕候。元禄元年

二月四日

浄眼院様御法事之節、拙者儀以御慈悲御恵被成下度段親類共奉願候処、元禄三年八月十三日被召出、亡父甚之丞進退高之通御知行弐貫三百六文御切米弐両御扶持方四人分被下置之旨、冨田壱岐を以被　仰渡候。拙者儀当時御域番衆支配ニ而罷在候。

御朱印者丹今不奉頂戴候。先祖之儀は同氏善兵衛先年書上仕候。以上

元禄四年三月廿八日

152　遠藤三弥

一　拙者養先祖遠藤上野、羽州置嶋（ママ）郡長井庄手之子与申所之城主に而罷在候処ニ、彼地

御先祖様御手ニ入右手之子城引続被下置御奉公仕候由申伝候。

誰様御代之御事ニ御座候哉其段不承伝候。従
貞山様養高祖父遠藤四郎左衛門ニ被下置候御書奉所持候処ニ元禄弐年御触を以御尋ニ付、其節長沼玄蕃を以指上申候。右四郎左衛門名改上野と申候。従
性山様右上野并嫡子平六両人之御宛書ニ而被下置候
御判物所持仕候処是亦右同前ニ指上申候。右平六儀名改四郎左衛門与申候。養曽祖父ニ御座候。
貞山様御所替被遊候節右四郎左衛門并嫡子太郎左衛門父子御供仕罷越、御知行七拾貫文程被下置之由申伝候。右太郎左衛門儀養祖父ニ御座候。何方江被遊御取移候時分之儀ニ候哉、如何様之御奉公仕候哉不承伝候。其後如何様之品を以小進（ママ）ニ罷成候哉拾三貫文被下置由承伝候。右太郎左衛門男子無御座候ニ付片平先五郎兵衛次男三之丞聟名跡ニ仕、右五郎兵衛御知行高之内五貫八拾三文三之丞ニ被分下度由、
御同代中嶋監物を以右五郎兵衛奉願候処、願之通被分下旨右監物を以被　仰渡候。年月不承伝候。其以後右御知行太郎左衛門進退高江指添申度段、寛永八年右五郎兵衛・太郎左衛門奉願候処ニ、願之通右監物を以被　仰渡候。養亡父右三之丞儀寛永拾三年
義山様御代定御供御奉公被　仰付致勤仕候。同弐拾壱年大御検地之節弐割出目被下太郎左衛門御知行拾五貫六百文之高ニ被成下候
御黒印所持仕候。三之丞御知行弐割出目被下六貫八拾三文之高ニ被成下候

御黒印所持仕候。両人知行高取合弐拾壱貫六百八拾三文之高ニ御座候。右太郎左衛門隠居之儀は不承伝候。

御同代三之丞儀勝而御奉公相勤申候段被仰立、有難以
御意正保三年三月朔日御加増弐拾貫文被下置、右太郎左衛門御知行拾五貫六百文・本地六貫八拾三文都合四拾壱貫六百八拾三文之高ニ被成下旨津田故豊前・古内故主膳を以被　仰付候。正保三年六月廿三日与御座候
御黒印奉所持候。右太郎左衛門儀慶安三年七月病死仕候。三之丞儀同四年三月於江戸病死仕候処ニ、嫡子同苗長次郎五歳ニ罷成候ニ付、三之丞御知行高四拾壱貫六百八拾三文之所三之丞弟桑折甚右衛門ニ被下置、甚右衛門御知行高弐拾六貫八拾三文長次郎ニ被下置、長次郎致成人御奉公相勤候節者右御知行高互ニ相返可申由同年五月十六日右主膳を以被　仰渡候。同五年九月長次郎病死仕候。其節右長次郎弟同苗平助四歳ニ罷成幼少ニ候得共、三之丞勝而御奉公相勤候者間長次郎ニ不相替右跡式被下置旨同年十月右主膳を以被　仰渡候。
品川様御代万治三年月日不承伝候、右御知行如本取替被下度由右甚右衛門奉願、其節右四拾壱貫六百八拾三文之内四貫文甚右衛門ニ被分下度由平助母奉願候処、御知行取替其上平助御知行高之内四貫文甚右衛門ニ被添下旨、同年三月五日古内中主膳を以被　仰付、平助御知行高三拾七貫六百八拾三文ニ被成下候。御番所亡父三之丞代ゟ虎之間ニ御座候。

御当代寛文元年十一月十六日御日付之
御黒印奉所持候。平助儀御国江戸御番共相務候処、延宝五年五月十五日ニ御武頭被　仰付相務申候。同六年十二月病死仕子共無之ニ付跡式被相禿候。然処ニ右三之丞儀
義山様別而御取立被成下候処ニ三之丞苗跡断絶仕候儀無拠存、右三之丞弟右甚右衛門御知行高三拾弐貫三百弐拾八文之内弐貫文拙者ニ被分下遠藤之苗字被立下度由、貞享三年三月六日ニ右甚右衛門奉願候処、願之通拙者八歳之時被分下、遠藤之苗字相続可仕由同閏三月十日遠藤内匠・佐々豊前を以被　仰渡候。丹今
御朱印者不奉頂戴候。拙者儀三之丞・甚右衛門ニ者又甥永井平五郎弟ニ御座候。幼少故御番入不奉願候。当時御番外に而御城番衆支配御座候。以上

元禄四年四月三日

153 遠藤松之助

一 拙者儀荘子九傳次三男無進退に而罷在候処、遠藤惣助甥ニ御座候付、右惣助御知行高弐拾五貫壱文之内弐貫文之所被分下遠藤之苗字ニ被成下度由、元禄三年十一月廿七日右惣助奉願候処、願之通被分下右惣助養弟ニ被　仰付、遠藤苗字ニ被成下御番所御次之間ニ被相付之旨、当三月廿六日大條監物を以被　仰付候。当時幼少ニ御座候ニ付御城番衆支配ニ被　仰付候。拙者御知行高弐貫文ニ御座候。丹今

御朱印者不奉頂戴候。先祖之儀は先年右惣助書上仕候。以上

元禄四年四月五日

元禄四年五月日

出入司衆支配

154　奥田源右衛門

一　拙者養先祖奥田永判と申者和泉国三松と申所ニ浪人ニ而罷在候。拙者養父同苗休和儀右永判嫡孫ニ御座候。然処泉屋之家名相名乗休和親代ゟ御当地ニ罷在候。休和儀品々有之御用被　仰付候処、各別之存入ニ而御用相勤候由、天和三年九月十三日於冨田壱岐宅同人を以被　仰渡候。同年十二月廿八日休和儀
御城江被召出、桃生郡中野村野谷地弐十七町歩并為苗代目本地三貫文被下置之旨遠藤内匠を以被　仰渡候。右野谷地開発貞享二年ニ御竿被相入本地取合御知行三拾壱貫七百九拾八文之高ニ被結下、奥田之苗字相名乗父子共ニ侍御番外ニ被　仰付、右御知行拙者ニ被下置之旨同三年極月廿六日ニ於佐々豊前宅右同人を以被　仰渡候。

御朱印者丹今不奉頂戴候。拙者儀江戸御町年寄奈良屋市右衛門次男ニ御座候処、延宝六年拾月朔日右休和婿養子ニ罷成候。当時出入司衆支配ニ而罷在候。以上

元禄四年三月六日

155　松尾正右衛門

一　拙者曾祖父御大工棟梁次郎右衛門儀葛西ニ而奉公仕罷在候処、天正十八年葛西没落仕浪人ニ罷成候。然処同十九年
貞山様米沢ゟ大崎岩出山江被遊御取移候以後被召出、御知行五貫文被下置棟梁職目奉勤仕候。年月御申次は不承伝候。右次郎右衛門儀
貞山様大坂江被遊　御登候節御供仕罷登、慶長五年三月御加増五貫文被下置取合十貫文ニ被成下候由及承候。誰を以御加増被下置候哉不承伝候。右次郎（ママ）衛門男子所持不仕候ニ付、葛西浪人沼津藤五郎と申者聟養子ニ仕度旨奉願候処、願之通被　仰付、跡式無御相違藤五郎ニ被下置引続棟梁職目相勤申候。藤五郎先祖之儀は不奉存候。藤五郎改名正右衛門と申候。右正右衛門御知行高十貫文正右衛門嫡子作蔵ニ家督無御相違被下置、改名正右衛門ニ罷成棟梁職目奉勤仕由承伝候。右両人継目誰を以被　仰付候哉勿論年月も不承伝候。
義山様御代寛永十八年大御検地之節二割出目弐貫文被下置十弐貫文之高被成下候。
御同代承応弐年九月右正右衛門病死仕候ニ付而、嫡子拙者ニ跡式被下置度旨其節之御作事奉行白石太郎兵衛・櫻田彦右衛門を以奉願候処、跡式無御相違被下置由同三年正月廿五日山口内記・真山刑部御書

付を以、右両人之御作事奉行衆被申渡引続棟梁職目奉勤仕候。

御当代

義山様御霊屋御造栄（ママ）被遊候節、御大工棟梁拙者ニ被　仰付首尾能相勤候ニ付而苗字御免被成下度由、其節之御作事奉行但木惣右衛門・木幡故又右衛門願申上候ニ付、寛文四年十二月廿二日ニ苗字御免松尾ニ被成下旨大條古監物・茂庭中周防・原田甲斐・冨塚内蔵丞御書付取持仕候。其上数年御作事方諸事御用所々被　仰付候得共首尾能相務申ニ付、職目御赦免御番外ニ被成下候段、貞享弐年正月廿日松林仲左衛門・但木惣左衛門を以被　仰渡遠藤内匠・佐々豊前御書付所持仕候。貞享二年正月廿日御日付之御朱印貞享五年四月朔日ニ奉頂戴候。拙者儀御作事方吟味役被　仰付奉勤仕候。出入司衆支配御番外ニ御座候。以上

元禄四年三月廿五日

156　松原儀左衛門

一　拙者先祖伊達御譜代之由承伝候得共、

御先祖誰様御代被召出何様之御奉公仕候哉其品不承伝候。高祖父出雲儀

貞山様御代伊達之西山と申所ニ而、御知行拾貫文被下置御大工棟梁職被　仰付、高麗御陣之節御渡海之

御供仕候由、其以後御当地へ御移被遊候ニ付而御供仕罷越候由承伝候。右出雲病死跡式曾祖父源三郎

ニ被下置候。年月御申次等不承伝候。
義山様御代寛永年中惣御検地之節二割出目弐貫文右源三郎ニ被下置御知行高十弐貫文ニ被成下候。年月御申次等不承伝候。右源三郎病死跡式祖父源右衛門ニ被下置候年月御申次等不承伝候。右源右衛門儀慶安弐年五月病死仕跡式亡父善兵衛ニ被下置度段親類共願申上候処ニ、同年十月十日山口内記・和田因幡を以右御知行十弐貫文無御相違被下置御大工棟梁相勤申候処、
御同代承応弐年
陽徳院様御葬礼巻(ママ)相務申ニ付苗字御免被成下度段奉願候処、同年九月廿二日願之通被　仰付之旨茂庭中周防・津田古豊前・冨塚内蔵丞を以、其節之御作事奉行白石太郎兵衛御引添被　仰渡、松原之苗字御免被成下候。
御当代松原善兵衛儀数年御奉公勤功有之首尾好相勤申ニ付、棟梁職目御赦免御番外ニ被成下旨貞享四年八月十一日松林仲左衛門・大町清九郎・上野蔵人を以被　仰渡、御作事方吟味御用相勤罷在候処、日光御普請ニ付被相登元禄二年五月廿八日乙女河岸ニ而右善兵衛病死仕候条、跡式嫡子拙者ニ被下置候段同年七月五日親類共奉願候処、願之通御知行十弐貫文之所無御相違拙者ニ被下置候旨同年八月廿二日冨田壱岐を以被　仰渡候。
御朱印ハ丹今不奉頂戴候。拙者儀出入司衆支配御番外ニ而当時御作事方吟味御用相勤罷在候。以上
元禄四年三月廿七日

157　岸助左衛門

一　拙者養曾祖父落合周防与申者何方所生ニ而如何様之品を以被召出候哉、
性山様御代御知行被下置侍分ニ御奉公仕候由承伝候。御知行高并何様之御奉公仕候哉年月御申次共不承
伝候。右周防跡式嫡子拙者養祖父助左衛門ニ
御同代被下置由承伝候。助左衛門御知行高八貫百三拾弐文於米沢、遠藤古山城を以被下置由承伝候。右
御知行周防代ゟ之御知行高ニ御座候哉年月共ニ不承伝候。右助左衛門儀何年ゟ御大工職目被　仰付苗
字をも相名乗不申候哉、御大工棟梁職相務御普請方御用并御作事方御扶持人御大工等をも段々被召抱
支配被　仰付御奉公仕候由承伝候。
貞山様岩出山江御取移被遊候節御供仕、右岩出山ゟ仙台江被遊御移候節ハ　御先江罷越
御城御普請御用ニ相加御作事頭支配ニ而御用相務候処元和二年八月病死仕、家督無御相違嫡子養父与
市郎ニ被下置候。御申次不承伝候。与市郎儀助左衛門ニ改名仕棟梁職引続相勤申候。
義山様御代寛永廿年惣御検地之節弐割出目被下置候本地江取合九貫七百六拾文之高ニ被成下候。承応弐
年
陽徳院様御遠行被遊於松嶋御葬礼ニ付、御大工棟梁源右衛門・拙者養父助左衛門ニ被　仰付御用相勤申
ニ付而、苗字御免被成下度由山口内記を以奉願苗字御免被成下候。右助左衛門儀岸帯刀弟分ニ有之候
間岸苗字ニ可有之と

義山様御意被遊候旨、同年九月廿二日茂庭中周防・津田古豊前・冨塚内蔵丞其節之御作事奉行白石太郎兵衛御引添被　仰付候付、本苗落合ニ御座候段追而申上候段恐多奉存岸苗字ニ罷成御奉公相務申候。右助左衛門儀男子無御座候付、拙者亡父西村疎伯儀近江浪人ニ而御当地江相越罷有候。右疎伯次男拙者勘太郎と申節右助左衛門養子家督ニ仕度由、承応弐年極月其節之御作事奉行白石太郎兵衛・櫻田彦右衛門江申達候処、無異儀由右両人申渡候。

御当代養父助左衛門儀老衰仕御奉公相勤兼候付隠居被　仰付、拙者ニ家督被下置名改助左衛門ニ被成下度由、寛文三年三月七日木幡故又右衛門・但木惣右衛門を以奉願候処、同四年二月十二日ニ養父助左衛門隠居被　仰付、跡式無御相違棟梁職共ニ拙者ニ被　仰付名改助左衛門ニ被成下由、柴田外記・原田甲斐・冨塚内蔵丞を以被　仰渡段、右亦(ママ)右衛門・惣右衛門申渡御奉公不相替奉勤仕候処、御作事方数年首尾能相勤候ニ付職目御免御番外ニ被成下、御作事方吟味役被　仰付之旨貞享弐年正月廿日松林仲左衛門・但木惣左衛門を以被　仰渡、江戸御国共右御役目相勤罷在候。貞享弐年正月廿日御日付之御朱印同五年四月朔日奉頂戴候。拙者儀出入司衆支配御番外ニ御座候。以上

元禄四年五月廿六日

158　小林七右衛門

一　拙者祖父小林七右衛門儀生国越中之者浪人ニ而御当地江罷下罷在候。遠丁大筒之類鍛錬仕ニ付

貞山様御代奥山出羽を以被召出御知行七貫三拾七文被下置、御鉄砲等之御奉公相勤罷在候由承伝候。被召出候年月不承伝候。慶長十九年大坂御陣之節、御鉄炮御用被　仰付堺江罷登候由承伝候。且亦大坂御陣江も御供仕罷登候由承伝候。御帰陣以後右七右衛門御当地御鍛冶方御用主立可申由被　仰付相勤申候。年月御申次不承伝候。無筆同前故御用も指支候間御免被成下度由訴訟申上候処、御赦免被成下棟梁職ニ罷成引続相務申候由承伝候。

義山様御代右七右衛門隠居被　仰付、跡式嫡子拙者亡父同苗又右衛門ニ被下置候。右年月御申次不承伝候。

御同代寛永年中惣御検地之節二割出目壱貫四百文被下置、取合御知行八貫四百三拾七文之高ニ被成下候。右又右衛門儀棟梁職目相勤罷在、

御当代寛文五年二月廿五日隠居被　仰付嫡子拙者ニ跡式無御相違被下之由、和田故織部を以被　仰渡右職目相勤申候処、延宝六年御鍛冶方棟梁職武田伊右衛門・屋代五郎左衛門を以御赦免被成下、御鍛冶方御用調役并御勘定等之御用相勤罷在候。延宝八年和田半之助を以御鍛冶方組并右御用御赦免御番外ニ被成下出入司衆支配被　仰付候。其後御鍛冶方見届定役松林仲左衛門を以被　仰付相務申候。拙者御知行高八貫四百三拾七文ニ御座候。天和三年八月日与御座候

御朱印貞享二年六月四日ニ奉頂戴候。以上

元禄四年四月十三日

159　米野加右衛門

一　拙者祖父内蔵助儀米沢所生之由承伝候。

貞山様御代御切米五両四人御扶持方并御帷子代銀拾匁被下置、七人(ママ)御大工ニ被召出御奉公仕候由承伝候。被召出候年月御申次不承伝候。　其已後右棟梁職被　仰付江戸御国共ニ御供仕候而御奉公仕候。　若林御城御作事被成置候節抽相勤申候由被　仰立を以、　御切米御扶持方御知行六貫文ニ被直下置由承伝候。年月御申次不承伝候。

義山様御代寛永年中惣御検地之節二割出目壱貫弐百文被下置、進退高御知行七貫弐百文銀拾匁被成下候。年月御申次不承伝候。　寛永廿壱年八月十四日冨塚内蔵丞、　奥山大学・山口内記・和田因幡御書付所持仕候。　右内蔵助慶安元年十月病死仕候ニ付、　跡式嫡子拙者亡父蔵人ニ被下置度旨親類共奉願候処、　同弐年十月十日山口内記・和田因幡を以如願跡式無御相違蔵人ニ被下置、　右棟梁職相務申候由承伝候。願申上候年月不承伝候。

御当代右蔵人老衰仕候付隠居被　仰付跡式嫡子拙者ニ被下置度由、　寛文六年四月蔵人奉願候処、　同年霜月廿三日ニ御知行七貫弐百文銀拾匁無相違拙者ニ被下置由、　其節之御作事奉行青田彦左衛門を以被仰渡古内志摩・原田甲斐御書付所持仕候。　引続棟梁職奉勤仕候処、　同八年ニ不調法之儀御座候而進退被召放候。　延宝弐年七月

義山様御法事ニ付拙者儀被召出被下置度由棟梁中間之者共奉願候処、　御切米弐両四人御扶持方被下置御

大工職ニ被召出旨、同三年四月十三日其節之御作事奉行横沢傳左衛門を以被　仰渡、同年十月御大工棟梁職御作事奉行徳江十左衛門を以被　仰付候。同五年三月廿日為御加増御切米壱両被下置旨御作事奉行鈴木平兵衛を以被　仰渡候。同七年四月朔日御加増御切米壱両被下置由、御作事奉行右平兵衛を以被　仰渡候。同九年三月廿六日御加増壱両被下置段御作事奉行吉田源太夫を以被　仰渡候。御切米五両四人御扶持方被成下候。天和弐年亀岡
八幡宮御建立之節随神（ママ）御門御大工棟梁拙者ニ被　仰付相勤申ニ付、苗字御免被成下度段大町清九郎願申上候ニ付、同三年閏五月六日苗字御免被成下之由、右清九郎を以被　仰渡苗字米野ニ罷成候。柴田中務・佐々伊賀・冨田壱岐御書付所持仕候。貞享元年四月十五日御加増御切米壱両被下置由御作事奉行青田彦左衛門を以被　仰渡候。同四年三月四日御加増御切米壱両被下置旨、御作事奉行本名九左衛門を以被　仰渡、御切米七両四人御扶持方之高ニ被成下候。同年
浄眼院様御霊屋御取立之節御大工棟梁拙者ニ被　仰付相勤申ニ付御加増被成下由、御作事奉行本名九左衛門・野村四郎右衛門申上候ニ付、御切米御扶持方は被召上御知行七貫弐百文并銀拾匁被下置由、元禄弐年四月十五日御作事奉行菅野正左衛門を以被　仰渡柴田内蔵・佐々豊前御書付所持仕候。同三年御二之丸御座之間御作事被成置候ニ付、御大工棟梁拙者ニ被　仰付相勤申候処、御好之通出来仕候ニ付御大工棟梁職目御赦免被成下、御番外ニ被　仰付候由当四月廿五日ニ遠山帯刀を以被　仰渡候。御朱印者丹今不奉頂戴候。拙者儀出入司衆支配御番外ニ而御作事方吟味役被　仰付奉勤仕候。以上

160 岡村兼也

元禄四年五月廿九日

一　拙者先祖極楽院儀者
御先祖様江御筋目御座候由承伝候得共、
誰様江先祖誰御筋目御座候哉不承伝候。先祖極楽院
念西様伊達江御下向被遊候節供奉仕罷下、子孫引続伊達ニ罷在、
御代々御祈禱被　仰付修験道相勤候由申伝候。然処七代以前之極楽院早世仕嗣子無御座、其妻女計罷在
候折節
宮様方之御子衣躰ニ被為成伊達江御下向被成候を、
直山様御指図を以極楽院後家ニ御取合相続被成下善栄法印と申候処、男子無御座娘一人有之ニ付
直山様御子様之内右娘ニ御取合極楽院世継ニ被　仰付、其身は隠居仕度旨法印申上候処、如願
直山様御庶子清三郎殿を右善栄法印壻世継ニ被成下法印ニ者為隠居分本領七貫文被下置、伊達郡岡村之
内三嶋屋鋪と申所ニ隠居仕候。清三郎殿江者同郡成田村・平沢村・岡村右三ケ村ニ而御知行高三拾五
貫文被下之旨、天文三年十二月十三日従
直山様極楽院善栄法印ニ被下置候御判物所持仕候。右清三郎殿ゟ三代目拙者祖父極楽院現光法印代ニ

貞山様米沢ゟ岩出山江御移被遊候節、右法印其頃漸二・三歳ニ罷成親も死去仕候故　御跡慕御当地へ可
罷越様も無御座罷在、併
貞山様御代迄ハ右現光法印儀折々被召出
御目見仕候得共、其以後親拙者二代弥衰罷在
御目見も不申上候処、
御当代延宝三年秋被遊
御入国候付、為冥加之御座候間
御目見奉願候段、翌年三月其節之御外人屋御馳走御役人大河原半左衛門を以申上候処、同月十五日上
郡山九右衛門御申次を以於御客之間
御目見被　仰付候。其後も折々
御目見仕候。然処福嶋本多平八殿御領知ニ罷成、屋鋪迄諸役等可被　仰付模様ニ御座候而住居成兼申
ニ付、御当地ニ而居屋鋪拝領仕祖母并母をも引移罷在度奉存候段、延宝八年二月廿八日品々覚書ニ而
其節之御外人屋御馳走御役人郡山七左衛門を以申上候処、同年十二月十四日御知行高五貫文被下置被
召出之旨佐々伊賀を以被　仰渡候。同九年二月仙臺御近所ニ而在郷屋鋪并御知行可被下置由、
御意之旨右七左衛門を以被　仰渡候。同年五月廿三日国分根白石村ニ而在郷屋鋪壱軒御知行共拝領仕
候。然者於伊達極楽院名代相立取移申候条、御当地ニ而極楽院と申候儀遠慮之品々天和三年六月廿五

日右七左衛門を以申上候処、同年八月朔日兼也と名改被成下旨右同人を以被　仰付候。且亦
直山様御代伊達
御苗字拝領仕候以後修験道相勤候故苗字所持不仕候段、同年八月三日ニ右同人を以申上候処同月十六
日岡村ニ被　仰付候由右同人申渡候。天和三年八月日与御座候
御朱印貞享弐年五月廿八日ニ奉頂戴候。随而当時ハ御番外出入司衆支配ニ被　仰付候。先祖之儀ハ承
伝を以粗申上候。以上
元禄四年三月十九日

161　斎藤小兵衛

一　拙者儀亡父斎藤左衛門三男無進退ニ而罷在候処、兄同氏喜助御知行高弐拾六貫百文之内五貫文拙者ニ
被分下被召出度由、元禄弐年五月廿六日右喜助奉願候処ニ如願被分下被召出候由、同三年七月廿九日
冨田壱岐を以被　仰渡、当時出入司衆支配御番外御座候。
御朱印ハ丹今不奉頂戴候。先祖之儀は先年右喜助書上仕候。以上
元禄四年三月廿五日

162　皆川休弥

一　拙者祖父皆川源右衛門儀、伊達ゟ
貞山様御供仕御当地へ罷越御奉公仕候由承伝候。何様之御奉公仕進退何程被下置候哉、其以後源右術門
如何様之品ニ而進退断絶仕候哉不承伝候。源右衛門病死之年月不承伝候。源右衛門子拙者亡父久六儀
無進退ニ而罷在候処、
御同代御路地頭ニ被召出由承伝候。被召出候年月御申次并休六《(ママ)》儀源右衛門何男ニ御座候哉不承伝候。久
六進退何年ニ被下置候哉御切米弐両弐分御扶持方四人分之高ニ而相勤、万治弐年七月病死仕候ニ付跡
式次男八兵衛ニ被下置度由親類共奉願候処、八兵衛六歳ニ罷成幼少ニ付以御減少御切米壱両弐分御扶
持方四人分成田杢を以被下置候。願申上候年月并被　仰付候年月不承伝候。拙者儀右久六嫡子ニ御座
候得共、久六存生之内
義山様御代正保四年九月廿六日ニ戸田喜太夫を以坊主衆ニ被召出、御切米弐両弐分三人御扶持方被下置
候。承応三年山本故勘兵衛を以
品川様御部屋江被相付御茶道ニ被　仰付、御切米弐分壱人御扶持方御加増右勘兵衛を以被下置、取合御
切米三両四人御扶持方ニ被成下、明暦三年御切米壱両御加増被下置旨大條兵庫を以被　仰付候。
御同代万治弐年三月十五日ニ御知行弐拾貫文奥山大学を以被下置候。右御切米御扶持方ハ其節被召上候。
御当代同三年十二月廿五日ニ進退被召上笹町新左衛門ニ被預置候処、

品川様ゟ御免被成下度由被　仰進候ニ付、天和元年九月十八日ニ御知行四貫文被下置被召出旨佐々伊賀を以笹町彦三郎ニ被　仰渡候。同月廿五日ニ御番外出入司衆支配ニ被　仰付旨右伊賀を以被　仰渡候。天和三年八月日与御座候
御朱印貞享弐年六月六日奉頂戴候。祖父以前之儀は不承伝候。以上
元禄四年三月廿八日

163　大石文平

一　拙者養先祖伊達御譜代之由承伝候得共、御先祖誰様御代先祖誰如何様之御奉公仕進退何程被下置候哉、何様之儀を以進退断絶仕浪人ニ罷成候哉養祖父大石筑後と申者、貞山様御代伊達ゟ罷越如何様之品ニ而被下置候哉、於伊具郡枝野村野谷地佐々若狭を以被下置候由承伝候。年月不承伝候。右筑後一子又次郎年若内病死仕候。又次郎嫡子杢助儀を筑後家督被成下候願申上家督ニ被成下候哉、其品并被　仰渡候年月御申次等不承伝候。筑後寛永十六年二月病死仕候。跡式杢助ニ被　仰渡候儀親類共奉願被　仰付候哉、被　仰付候年月御申次共不承伝候。杢助代ニ罷成右野谷地開発起目代高弐百弐拾七文被下置旨、義山様御代寛永廿一年八月十四日冨塚内蔵丞・奥山大学・山口内記・和田因幡御書付所持仕候。同所ニ

而其節除屋鋪壱軒拝領仕候。年月御申次不承伝候。右杢助男子病死仕家督無之ニ付、拙者儀は杢助壻
相原弥五右衛門三男無進退ニ而罷在候付而右杢助家督仕度旨、
御当代延宝七年五月杢助・弥五右衛門并親類共奉願候処、如願被成下旨同月廿九日柴田中務を以被　仰
渡候。然処拙者父弥五右衛門弟大内弥五兵衛御知行高弐貫五百文之内壱貫文右杢助ニ被分下度由、右
弥五兵衛・杢助天和弐年三月七日ニ願申上候処、如願被分下旨同月廿六日遠藤内匠を以被　仰渡、御
知行壱貫弐百弐拾七文之高ニ被成下候。杢助儀老衰仕候ニ付隠居被　仰付、跡式拙者ニ被下置度旨杢
助并親類共貞享元年三月奉願候処ニ如願杢助隠居被　仰付、御知行高壱貫弐百弐拾七文之所無御相違
拙者ニ被下置旨、同年五月十八日冨田壱岐を以被　仰渡候。貞享元年五月十八日御日付之
御朱印同弐年六月四日奉頂戴候。且亦先年杢助拝領仕候右除屋鋪江御竿被相入高ニ被成下度旨、同弐
年二月廿二日奉願候処、願之通御竿被相入代高百八拾六文被下置、取合壱貫四百拾三文之高ニ被成下
旨同三年十月五日右内匠を以被　仰渡候。右高之
御朱印丹今不奉頂戴候。拙者儀御番外出入司衆支配ニ而罷在候。以上
元禄四年三月廿五日

元禄四年五月日
遠藤助太夫

164　遠藤助太夫

一　拙者養父遠藤内匠男子無御座候付、後藤大隅四男拙者を壻養子ニ被成下、末々内匠実子出生仕候ハヽ、拙者ニハ内匠御知行高之内三拾貫文分ケ被下度旨、寛文十年十月内匠・大隅願申上候処、願之通被成下旨、同年十一月廿七日柴田外記・古内志摩を以被　仰付候。拙者儀年始御呼懸ニ可被召出旨、延宝六年極月廿八日ニ同苗内匠ニ
御直ニ被　仰付候。右内匠実子文七郎出生仕候付、内匠御知行高弐百三拾貫十八文之内拙者ニ三拾貫文被分下度由、貞享元年三月内匠願申上候処、如願被　仰付旨同年四月二日佐々伊賀を以被　仰渡候。同年五月十八日御番入被　仰付被下度由内匠願申上候処、御番所虎之間被　仰付大町備前御番組ニ被相入旨、同六月朔日冨田壱岐を以被　仰渡御番相勤申候。貞享元年四月二日御日付之
御朱印同弐年五月廿八日ニ奉頂戴候。且又兄後藤孫兵衛御知行高弐百五拾三貫八百八拾八文之内三貫八百八拾八文拙者ニ被分下度旨、同年三月七日右孫兵衛奉願候処、如願分ケ被下旨同年五月十三日右

伊賀を以被　仰渡、拙者御知行三拾三貫八百八拾八文之高被成下候。貞享二年五月十三日御日付之御朱印同五年四月朔日奉頂戴候。拙者儀引続御呼懸ニ被召出被下置度段同年九月四日願申上候処、如願被　仰付候旨同年十二月六日冨田壱岐を以被　仰渡候。同三年三月十三日ニ御小性組被　仰付候段古内造酒祐・遠藤左衛門を以被　仰渡、江戸御国共ニ致勤仕候処、依病気元禄二年九月廿二日木村久馬を以御小性組御免被成、当時出入司衆支配御番外ニ而罷在候。先祖之儀は先年内匠、山城与申候節書上仕候。以上

元禄四年四月十五日

元禄四年五月日

伊藤瀬兵衛

165 伊藤瀬兵衛

一 拙者儀亡父伊藤半兵衛三男無進退に而罷在候処、父方之従弟冨塚七之助御知行高六貫百拾三文之内壱貫六百文拙者ニ被分下被召出度由、元禄二年十一月廿三日右七之助并親類共奉願候処ニ、如願被分下之旨同三年十月廿五日冨田壱岐を以被 仰渡候。同年十二月六日御番入被 仰付被下置度由願申上候処未被 仰付候。丹今御朱印不奉頂戴候。先祖之儀は兄同氏半兵衛、十三郎と申候節書上仕候。以上

元禄四年四月十八日

166　古内安右衛門

蟄居

元禄四年五月日

一　古内安右衛門養父古内造酒祐子共無御座候ニ付、山本故勘兵衛四男右安右衛門養子仕末々実子出生不仕候ハヽ、家督ニ被成下、若又実子出生仕候ハヽ、造酒祐御知行高七百七拾五貫八百四拾文之内三拾貫文安右衛門ニ被分下、古内之苗字被　仰付被下置度旨、延宝六年正月十六日造酒祐并親類共奉願候処、同年四月廿六日願之通被成下旨於江戸佐々伊賀を以被　仰渡候。造酒祐儀天和弐年八月九日ニ岩沼被下置千貫文ニ被成下、其上実子平蔵出生仕候ニ付、造酒祐本御知行高七百七拾五貫八百四拾文之内三拾貫文願之通安右衛門ニ被分下旨同月廿日右伊賀を以被　仰渡候。同三年五月廿五日御小性組ニ被仰付候。御申次失念仕候由申候。天和三年八月日与御座候御朱印同四年二月四日ニ頂戴仕候。造酒祐儀岩沼并御加増之地被召上、福澤江引込相慎可罷在由被　仰付候間安右衛門御近習被相除候条、引込相慎可罷在旨貞享三年閏三月望月正太夫を以被　仰渡候。其以後造酒祐儀隠居被　仰付、同苗平蔵ニ五百貫文を以跡目被　仰付、遠方之知行所江平蔵同前ニ取移

蟄居可仕由被　仰付、右安右衛門儀も仙臺屋敷ニ蟄居可仕旨、同年七月廿七日長沼九左衛門を以被　仰渡候。同四年三月四日仙臺屋敷被召上、親類之内仙臺屋鋪何方ニ成共可罷在由被　仰付候ニ付而、兄瀬戸八十郎屋敷江取移蟄居仕候処、同年七月廿九日佐々豊前申渡候者、先達親類仙臺屋敷何方ニ成共可罷在由被　仰付候処、親類不勝手之儀も可有御座候間、安右衛門在郷屋敷欤親類在郷屋敷ニ罷在可然由堀越善七郎を以被申渡候ニ付、国分實澤村之内八乙女長太夫下中屋敷江取移蟄居仕罷在候。先祖之儀者先年造酒祐書上仕候。右安右衛門儀蟄居被　仰付罷在候条、拙者儀兄ニ御座候間如斯御座候。以上

山本勘兵衛

元禄四年四月廿六日

元禄四年五月日

御鷹師衆

167 氏家源左衛門

一 拙者祖父氏家蔵人儀大崎浪人に而罷在候処ニ、
貞山様御代御鷹匠組ニ被召出候由ニ御座候。蔵人嫡子亡父氏家甚之助儀御不断組ニ被召出、御奉公相勤申候処ニ至而病人ニ罷成御奉公相務兼、其節一子も所持不仕ニ付右御不断組之進退被召上候。手前より願を以指上申候哉其品不承伝候。其以後子共両人致出生候。右蔵人跡式甚之助嫡子氏家助兵衛相続只今ニ御奉公奉勤仕罷在候。拙者儀右甚之助次男無進退ニ而罷在候処、
義山様御代承応弐年十月十日ニ御鷹匠組ニ被召出、御切米弐切銀拾弐匁八分御扶持方三人分被下置旨木村古久馬・鈴木三弥を以被　仰渡、引続御奉公奉勤仕罷在候処、
御当代寛文三年正月十三日御加増被下置、御切米壱両壱分御扶持方三人分之高ニ被成下旨奥山大学を以被　仰渡候。貞享元年三月廿二日ニ岩沼江
御出駕被遊、於岩沼

御直ニ御知行五貫文被下置、其節右御切米御扶持方者被召上候。貞享元年三月廿二日御日付之御朱印貞享弐年六月四日ニ奉頂戴候。以上

元禄四年三月廿九日

168　清野金内

一　拙者儀清野弥助三男無進退ニ而罷在候処、義山様御代慶安弐年四月無進退に而御鷹匠御奉公被　仰付旨木村故久馬を以被　仰渡相勤申候処、同三年四月廿七日御切米弐切銀拾弐匁八分御扶持方三人分被下置、御鷹匠組ニ被　仰付旨其節之御鷹御申次中村数馬を以被　仰渡候。御当代天和弐年八月十五日為御加増御扶持方壱人分被下置旨、其節之御鷹御申次中山新十郎を以被　仰渡、御切米弐切銀拾弐匁八分御扶持方四人分之高ニ被成下候。貞享元年三月廿二日岩沼江御出馬被遊、於岩沼御直ニ御知行五貫文被下置候。右御切米御扶持方者其節被召上候。貞享元年三月廿二日御日付之御朱印同弐年六月四日ニ奉頂戴候。先祖之儀は祖父清野筑後養子家督同苗平左衛門書上仕候。以上

元禄四年三月廿八日

169　三浦久内

一　拙者亡父三浦又右衛門儀刈田郡所生ニ御座候。幼少より其節之御鳥屋頭瀬成田市之丞相頼御鷹方之儀
稽古仕罷在候。然処
貞山様御代御鷹匠組ニ新規ニ被召出、御切米弐切銀拾弐匁八分御扶持方三人分被下置候。年月御申次不
承伝候。
義山様御代寛永廿一年ニ御加増御切米壱両壱分銀三匁弐分御扶持方壱人分被下置、御切米弐両御扶持方
四人分ニ被成下候。月日御申次不承伝候。
御同代為御加増御切米弐切被下置御切米高弐両弐分ニ被成下候。年月御申次等不承伝候。
御当代寛文拾壱年為御加増御切米弐切被下置御切米三両御扶持方四人分ニ被成下候。右月日御申次不承
伝候。貞享弐年七月金ケ崎江
御出駕被遊候節、同月晦日於金ケ崎
御直ニ御知行五貫文被下置候。右御切米御扶持方は其節被召上候。貞享弐年七月晦日御日付之
御朱印所持仕候。右又右衛門儀貞享五年六月十一日病死仕候付而、跡式嫡子拙者ニ被下置度由同年七
月親類共奉願候処、願之通跡式無御相違被下置旨同九月七日遠山帯刀を以被　仰渡、引続御鷹匠組御
奉公仕候。
御朱印者丹今不奉頂戴候。以上

元禄四年三月廿五日

170　清野平左衛門

一　拙者養亡父清野筑後儀、
貞山様御代伊達に而御切米三切銀七匁御扶持方四人分被下置、御鷹匠御奉公相勤御供仕御当地江罷越右御奉公相勤申候由承伝候。被召出候年月御申次不承伝候。右筑後一子同苗弥助儀者部屋住に而罷在候内、
御同代別而新規ニ御切米御扶持方被下置御鷹匠組ニ被召出候。因茲筑後儀家督之子所持不仕候付、拙者儀御不断組永倉二兵衛次男無進退に而罷在候処、筑後養子ニ被成下度旨寛永拾壱年筑後并双方之親類共願申上候処ニ、同年九月如願被　仰付候。誰御申次に而被　仰渡候哉幼少之節故承覚不申候。同十二年正月筑後病死仕候ニ付跡式拙者ニ被下置度旨親類共奉願候処、如願右跡式無御相違被下置引続御鷹匠御奉公被　仰付由同年四月十五日被　仰渡候。願申上候月日并被　仰渡候御申次承覚不申候。
義山様御代承応弐年十二月廿八日為御加増御切米弐切被下置段、其節之御鷹御申次木村故久馬・鈴木三弥を以被　仰渡、御切米壱両壱分銀七匁御扶持方四人分ニ被成下候。
大守様貞享弐年七月金ケ崎江御出駕被遊候節、同月晦日於金ケ崎御直ニ御知行五貫文被下置候。右御切米御扶持方は其節被召上候。貞享弐年七月晦日御日付之

御朱印同五年四月朔日奉頂戴候。養父以前之儀は不承伝候。以上

元禄四年三月廿八日

171　遠藤安左衛門

一　拙者養父遠藤次助儀何方浪人ニ御座候哉、如何様之品に而被召出候哉、貞山様御代御鷹匠組ニ新規ニ被召出、御切米弐切銀拾弐匁八分御扶持方三人分被下置候由承伝候。年月御申次不承伝候。実子遠藤新八・遠藤勘助両人御座候処、御同代右両人新規ニ進退被下置、御鷹匠組ニ被召出候付而右次助家督相続可仕者無御座候故、次助聟佐瀬覚内嫡子拙者儀次助孫ニ御座候条、養子家督ニ被成下右次助隠居被　仰付跡式拙者被下置度由、義山様御代慶安三年次助并親類共奉願候処、願之通被成下旨同年其節之御鷹御申次永嶋源左衛門を以被　仰渡候。月日失念仕候。引続右御奉公相勤申候処、御当代延宝四年三月十四日御切米壱両銀三匁弐分御加増被下置由各務采女を以被　仰渡、取合御切米壱両三分御扶持方三人分之高ニ被成下候。然処貞享弐年十二月九日御知行五貫文被下置旨古内造酒祐を以被　仰渡候。右御切米御扶持方ハ其節被召上候。貞享二年十二月九日御日付之御朱印同五年四月朔日奉頂戴候。以上

元禄四年三月廿五日

172　江口九助

一　拙者祖父江口藤右衛門儀最上浪人之由承伝候。貞山様御代御鷹匠組ニ被召出、御切米弐切銀拾弐匁八分御扶持方三人分被下置御奉公相務申候由ニ御座候。年月御申次等承伝不申候。右藤右衛門嫡子拙者父江口吉右衛門儀病人ニ御座候而、右藤右衛門家督相続可仕様無御座候故、拙者儀吉右衛門嫡子藤右衛門ニ者嫡孫ニ御座候間家督ニ被成下度由、右藤右衛門奉願候処、願之通被成下旨義山様御代正保四年八月十三日ニ御鷹御申次永嶋源左衛門・木村古久馬を以被　仰付引続御奉公相勤申候。藤右衛門隠居願申上候年月失念仕候。御当代寛文三年正月十三日為御加増御切米弐切銀三匁弐分被下置旨奥山大学を以被　仰渡、御切米壱両壱分御扶持方三人分ニ被成下候。然処ニ貞享五年五月十六日ニ御知行五貫文被下置旨柴田内蔵を以被仰渡候。右御切米御扶持方者其節被召上候。御朱印者丹今不奉頂戴候。以上

元禄四年三月廿八日

173　佐藤甚左衛門

一　拙者父佐藤作之丞儀伊達浪人に而御当地ニ罷在候処、如何様之品に而被召出候哉、

貞山様御代御鷹匠組ニ新規ニ被召出、御切米壱両御扶持方四人分被下置御奉公相勤申候。年月御申次不承伝候。
義山様御代右作之丞儀慶安元年七月病死仕候付、跡式作之丞嫡子拙者ニ被下置度旨同年八月十三日親類共奉願候処、願之通跡式無御相違被下置旨其節之御鷹御申次木村古久馬・永嶋源左衛門を以同年十月十二日被　仰渡候。拙者甥岩渕源兵衛御番外に而御郡司馬場彦兵衛支配に而罷在候。右源兵衛御知行高四貫四百文之内壱貫四百文之所拙者ニ被分下度旨、
御当代天和元年十一月十五日右彦兵衛を以源兵衛奉願候処、願之通被分下之由、柴田中務・小梁川修理・黒木上野・佐々伊賀御書付ニ而同年十二月廿八日右彦兵衛を以被　仰渡候。拙者進退御知行壱貫四百文御切米壱両御扶持方四人分之高ニ被成下候。天和三年八月日与御座候
御朱印貞享弐年六月四日奉頂戴候。拙者儀於丹今右御奉公奉勤仕候。亡父以前之儀は承伝不申候。以上
元禄四年三月廿八日

元禄四年五月日

在郷御番外衆

174　大槻斎宮

一　拙者亡父大槻作兵衛儀伊達兵部殿江奉公仕候。拙者儀右作兵衛次男無進退に而罷在候処、兵部殿ゟ新規ニ百五十石被下奉公仕候処、兵部殿松平土佐守殿江御預り被為成候付而配所江之供被申付罷越候。寛文十二年六月廿八日ニ大松沢彦右衛門を以拙者母ニ御新田六貫七百文被下置候。然処兵部殿御死去ニ付而、拙者儀延宝八年二月御国元江罷帰候処、同年閏八月廿七日新規ニ御知行六貫七百文被下置御番外ニ被　仰付旨佐々伊賀を以被　仰渡候。其節母ニ被下置候右御新田者被召上候。天和三年八月日与御座候

御朱印貞享二年六月四日ニ奉頂戴候。先祖之儀は先年兄同苗弥惣右衛門書上仕候。拙者儀当時足立半左衛門支配御番外に而罷在候。以上

元禄四年四月十日

175 瀧田平左衛門

一 拙者祖父瀧田筑後儀会津浪人ニ御座候。亡父瀧田平左衛門如何様之品ニ而被召出候哉、貞山様御代元和年中佐々若狭を以御切米五両七人御扶持方被下置御番所中之間被　仰付候。年月は不承伝候。其以後江戸御買物御用被　仰付候。年月御申次不承伝候。寛永年中右御切米御扶持方御知行ニ被直下、高八貫五百八拾四文ニ被成下旨右若狭を以被　仰渡由年月不承伝候。右直高過ニ相見得申候得共、何様之品に而相倍申候哉其品不承伝候。
義山様御代惣御検地之節弐割出目被下置、都合拾貫三百文之高。被成下候。拙者儀右平左衛門三男ニ御座候。先年伊達兵部殿江奉公仕候処、兵部殿松平土佐守殿江御預ニ被為成候付而配所江供仕候処ニ、兵部殿御死去以後御国元江罷帰候処、延宝八年閏八月廿七日ニ新規御知行弐貫五百文被下置御番外ニ被　仰付之旨佐々伊賀を以被　仰渡候。天和三年八月日与御座候
御朱印貞享弐年六月四日ニ奉頂戴候。拙者儀当時柳生権右衛門支配に而罷在候。以上

元禄四年四月廿八日

176 西成田清兵衛

一 拙者祖父西成田与左衛門伊達浪人ニ而拙者父同氏喜右衛門同道仕、元和年中ニ伊達兵部殿下中江罷越罷在候由承伝候。拙者十五歳ニ罷成候節兵部殿江罷出切米弐両扶持方三人分ニ而奉公仕候処ニ、兵部

殿松平土佐守殿江御預ニ被為成候付而配所江供被申付土佐江罷越候。然処寛文十弐年六月廿八日大松澤彦左衛門を以、御切米弐両御扶持方三人分拙者母ニ被下置候。兵部殿御死去以後延宝八年ニ御国元江罷帰候処、同年閏八月廿七日新規御知行壱貫九百文拙者ニ被下置、御番外ニ被　仰付旨佐々伊賀を以被　仰渡候。右母ニ被下置候御切米御扶持方は其節被召上候。天和三年八月日与御座候御朱印貞享弐年六月四日奉頂戴候。拙者儀当時御番外に而河東田長兵衛支配に而罷在候。以上

元禄四年四月十三日

あとがき

大槻文彦著の『伊達騒動實録』の引用書目には『御知行被下置御牒』は古くから『延寶故牒』と称され付録共に六十冊、付録二十冊の内に元禄四年の調に係るものがあると記されている。しかし実際には『御牒』は六十冊で、この中に元禄四年の調によるものはない。全部延宝年間の書上である。このことに私は長い間疑問を持っていたのであるが、昨年たまたまこの『御下中衆先祖書牒』に触れる機会があり、この疑問が氷解した。今は別々に保管されている『御牒』と『先祖書牒』は大槻文彦の調査の時点では一緒に保管されていたのである。その時に勘違いされて前述のような記述となったものと思われる。

この『先祖書牒』は箱書によると全十五冊である。この内訳は御一家衆牒壱冊・御番入衆牒六冊・御城番衆支配衆帳壱冊・出入司衆支配衆帳壱冊・遠藤助太夫、伊藤瀬兵衛牒弐冊・蟄居之衆先祖書帳壱冊・御鷹師衆牒壱冊・在郷御番外衆牒一冊・寺社衆牒一冊である。しかし、寺社衆牒一冊の箇所には墨引がしてあり「但寺社衆役（カ）寺社之部江相入候ニ付相除」と記入されている。最初は全十五冊であったがある時点で「寺社衆牒一冊」は移管され現存するのは十四冊なのである。

私は以前故佐々久先生とともに『仙台藩家臣録』（原本は『御知行被下置御牒』）の編集にあたったが、今回『先祖書牒』がその続編であることを知り、より充実した史料とするために出版を思い立った。この『元禄補遺仙台藩家臣録』は『仙台藩家臣録』を補うものとしても、また単独の史料としても価値のあるものではないかと思う。

　最後に今回の出版に際し、御多忙の中序文をお寄せいただいた東北大学名誉教授渡辺信夫先生、快く史料を提供された仙台市博物館長濱田直嗣氏と奥山常雄氏、校正などにお手伝いをしていただいた仙台市史編さん室菅野正道氏、出版を快諾された今野印刷株式会社小泉智夫社長、いろいろと御協力を賜った監査役佐藤謙次氏に深く感謝の意を表しあとがきとする次第である。

平成七年九月

相原陽三

仙台市博物館所蔵

寺社領御寄附御牒

仙台市博物館所蔵「寺社領御寄附御牒」

この「寺社領御寄附御牒」三冊（各二九・一×一九・五センチメートル）は昭和五十四年九月に仙台市にお住まいの佐藤とし氏から御寄贈いただいた「尚文館旧蔵資料」の中に含まれていたものである。佐藤とし氏の御先祖の佐藤養治氏は明治年間に古書籍店「尚文館」を仙台に創立し古書収集にも尽力された方である。

仙台市青葉区東照宮一丁目の仙岳院に伝わる日鑑（日誌）には「寺社領御寄附御牒」の編さんに際して、当時各寺社領拝領者に対して出された触状が記載されている。それは次のとおりである。

寺社領之事

一、御先祖誰様御代、住持誰代ニ、何之品を以寺領被遊御寄附候との儀、并ニ其後御加増等被成遣候品、且又新田切添等寺社領ニ被結下候儀、其節之御申次等をも、委細可被書上事、

一、隠居・塔頭なと、別而寺領有之分ハ、是又右之趣を以、委細可被書上事、

右之通被遊御尋候條、相知候分ハ委細被相記、不相知儀ハ其通書顕可被指出候、右御役人ニ南平兵衛・木幡作右衛門被　仰付候條、両人方へ可被指出候、

以上、

(延寶八年)四月朔日　佐々伊賀(定隆)

柴田中務(宗意)

(仙臺)仙岳院

（以下　十寺省略）

（『仙臺仙岳院文書　天台宗』による）

この触状により書上を藩に提出したのは八五寺で、その内容は寺院により精粗はあるが当時の知行拝領の状況を知ることができる。この中には現在すでに廃寺となっている寺院も含まれており、その状況を伺い知ることができる。

この調査は四代藩主伊達綱村による『伊達正統世次考』の編さんなどの修史事業の一環としてなされたものであろう。なおこれと類似する史料に侍衆の知行書上である『御知行被下置御帳』（一六〇巻、宮城県図書館所蔵）・『御下中衆先祖書』（一四冊、仙台市博物館所蔵）がある。

なお、本文はできるだけ原本の体裁が残るように配慮し、漢字については常用漢字にあるものは原則として常用漢字に改めたが、一部の異体字（躰など）や固有名詞の文字はそのままとしたものもある。

寺社領御寄附御牒　目次

寺社領御寄附御牒　一

仙岳院

一東照宮御神領御寄附被成置候儀
義山様御代承応三年甲午四月
東照宮御勧請　毘沙門堂御門跡前大僧正公海為　御名代最
教院権僧正晃海御招請之(刻)割僧正晃海江可為当院元祖分之
旨被　仰合候キ、依之従僧正晃海当院江被附納之袈裟候キ、
且又
御神領高千石当地にてハ五拾貫文積御寄附可被成候、就夫
御宮役人等之儀粗被　仰談候キ、当院并寺中三坊之外供
僧宮仕神人等有之様にとの事にて現人ハ無之時候得共、
知行割何百石ハ何貫与申外人心得有之様之一書名判ハ無
御座候得共一紙相見候、翌年法印天勇江
御神領被　仰渡候節、僧正晃海江御相談之一書被遣候キ、其
段如左割付、明暦元年乙未二月法印天勇
当宮学頭仙岳院住持被　仰付、同年五月
御神領御寄附五拾貫文

内

十貫文　　御供領
十五貫文　仙岳院
二貫五百文　延命院
二貫五百文　延寿院
二貫五百文　宝蔵院
三貫文　　供僧二人
二貫五百文　宮仕二人
四貫文　　神人四人
八貫文　　下男十人

右之外

七人扶持料　御旅宮寺 吉祥院

同年五月　御黒印二通并御家老衆添御目録一通奥山大学申
上、御使柳生権右衛門当院江被致持参、則
御宮御内陣江奉納之
品川様御代法印天勇代
三貫五百文、是ハ三品立御供料已前ハ銀子三貫五百文、
是ハ御祭礼料已前ハ金子
大猷院様御供料
二貫文、是ハ已前米
三貫文、是ハ居所・次之間・勝手向・学文所・寝所・二
階物置・朝夕之小庫裡・朝夕之湯殿・穀倉・塩噌蔵・
長屋二軒・材木蔵・薪小屋等之破損料
三貫文、是ハ延命院・延寿院・宝蔵院三ケ坊之破損料
万治三年庚子三月　御黒印二通并御家老衆添御目録二通奥
山大学申上御使松林忠左衛門
当院江被致持参、則
御宮御内陣江奉納之覃
当太守様御代法印天勇代

台徳院様御斎米
米十五石
寛文元年辛丑十一月　御黒印二通并御家老衆御出入司衆添
御目録一通、奥山大学申上御使松林忠左衛門当院江被致持
参、則
御宮御内陣江奉納之
御神領都合六拾五貫文并米拾五石ト七人扶持料ニ御座候、以
上
延宝八年四月五日

龍宝寺

一八幡宮寺社領惣高四拾五貫百拾壱文之内七貫八百拾四文ハ
祭礼常灯料、十二貫五百文本地八貫二百三拾壱文新田右
二口合二拾貫七百三拾壱文当寺之寺領、壱貫五百二拾五
文ハ玉灯院、壱貫五百六拾文ハ別当、壱貫五百六拾文者
泉照院、壱貫五百二拾四文ハ蓬乗院、壱貫七百四拾二文
ハ東光院、壱貫五百拾八文ハ龍城院、四貫三百三拾七文
ハ禰宜、十二人分二貫八百文ハ流鏑馬射手四人ニ被下置
候通寛永廿一年ニ
義山様御黒印、寛文元年
当屋形様御黒印両通先住持より相譲拙僧所持仕候
御先祖誰様御代住持誰代ニ何之品を以御寄附被遊候哉、当
寺古来之僧并先住持江も承合候得共分明知不申候、新田
之儀ハ当寺寺内妙見原・大石原両所にて、先住持寛文九
年ニ田村図書を以被申立、新田致開発起目之分御竿相入
申候、右高之通当寺寺領被結下候条、御黒印調之候様に
と延宝三年霜月廿三日中務・修理・監物御書付江御出入司
衆御末書にて御割屋ニ被相留、永嶋七兵衛・小梁川市左衛
門書替先住持より相渡候間拙僧致所持候、右新田之　御
黒印ハ未相調不申候哉、書替計先住持相譲申候、以上
延宝八年四月廿五日

東昌寺

一政依様御位牌所也
政依様被準洛陽五山於伊達郡五箇寺御建立之内、第一位被
相定則御菩提所被成置候、開山ハ仏智禅師与申候而聖一
国師之法弟候、本寺東福寺より御請待十年被致住持、其
後被還本寺候而遷化被申候、寛永元年三月寺炎焼仕古記
録焼失故御建立之年号知不申候
政依様御逝去仏智禅師与同年同月同日にて正安三年七月九
日ニ候、寺領之儀御建立之時分ハ何程御座候哉、古キ　御
黒印焼失故知不申候、大有和尚住持之時分ハ千石之由申
伝候
義山様当屋形様御二代之御黒印有之候、則左ニ銘々記申候、
弐拾五貫百七拾七文之所寛永十三年霜月十九日之日付に
て

義山様御黒印被成置候、其節之住持真長老ニ候、鵜田駿河・和田因幡・真山刑部を以被　仰付候由、高城伊予・加藤喜右衛門書付有之候、先年二割出之時分三拾貫文ニ被相直、寛永廿一年八月十四日之日付にて

義山様御黒印被成置候、其節之住持立西堂御申次冨塚内蔵丞・奥山大学・山口内記・和田因幡にて候、右四人之知行目録有之候、右三拾貫文之所無御相違、寛文元年十一月十六日之日付にて

当屋形様御黒印被成置候、其節之住持立西堂御申次奥山大学・鵜田次右衛門・和田織部・木村久馬・内馬場蔵人にて候、則五人知行目録有之候

塔頭

一風軒ハ東昌寺先住大有和尚之隠居所ニ候

大有和尚ハ

稙宗様御末子ニ付拾貫文之所従

貞山様被進候、大有和尚御没後則御塔所ニ候故右之知行無相違被付置候、其後致首座与申住持之時分七貫文被減三貫文に被成候、其節之　御黒印焼失故年号等知不申候、

二割出之時分三貫六百拾八文被相直候而

義山様御黒印寛永廿一年

当屋形様御黒印寛文元年東昌寺与一紙被成下候

雲門庵ハ東昌寺中興開山韶陽和尚之塔所にて寺領壱貫二百三拾七文之所御寄進候、已前之御黒印ハ焼失故、其節之年号等知不申候

義山様・当屋形様之御黒印東昌寺与一紙ニ右一風軒同前ニ被成下候

護国院ハ

尚宗様御位牌所也、大有和尚東昌寺住持之時分

貞山様御代被相立候、寺領壱貫二百廿九文之所御寄進被成置候、其節之　御黒印焼失故年号等相知不申候、寛永廿一年八月十四日之日付にて

義山様御黒印別紙御座候、其節之御申次冨塚内蔵丞・奥山大学・山口内記・和田因幡ニ候、則右四人之知行目録有之候

当屋形様御黒印ハ寛文元年東昌寺与一紙ニ被成下候

知松院ハ

稙宗様御位牌所也、大有和尚東昌寺住持之時分

貞山様被立置候、寺領三貫七拾文之所被付置候、已前之　御黒印焼失故年号等然与知不申候

義山様・当屋形様御黒印東昌寺与一紙ニ右雲門庵同前被成下候

乾徳院ハ

晴宗様御位牌所也、御取立知松院与同時ニ候、寺領壱貫八百八拾二文

義山様・当屋形様御黒印東昌寺与一紙、知松院同前ニ被成下候

正眼院ハ　虎千代様御菩提所也、真長老東昌寺住持之時
分寛永七年ニ
義山様被立置亮蔵主住持御定、其已後寺領三人御扶持方金
三歩八匁被付置候、其節之御書付等ハ無之候、慶安五年ニ
義山様御代当住持琢首座被　仰付候時分、真山刑部・山口
内記書付有之候、新田切添方丈塔頭共少モ無之候、以上
延宝八年四月十三日

法蓮寺

一塩竈宮江社領御寄附被成置儀
政宗公御代当社江社領御寄附被遊候由申伝候得共委細之儀
相知不申候、勿論　御黒印無御座候故年号相知不申候
忠宗公御代当寺五代已前鐘雅与申住持之時当社江御寄附被
成置候
社領

二貫四百十六文	法蓮寺
壱貫二百十壱文	護摩堂
壱貫二百廿五文	普門院
壱貫二百廿三文	神宮寺
壱貫二百廿壱文	今了院
壱貫二百二拾文	弥勒院
壱貫二百拾八文	文珠院
拾四貫六百二文	社人拾九人

右都合弐拾四貫三百三拾六文之所寛永廿一甲申年八月十
四日　御黒印頂戴仕候
綱宗公御代当寺三代已前宥真与申住持之時七貫五百八拾四
文之所御加増法蓮寺被下置、本知行取合十貫文被成下之
由茂庭周防を以被　仰渡候、年号相知不申候
御当代ニ法蓮寺知行拾貫文其外
忠宗公御黒印之通一山都合三拾壱貫九百廿文之所寛文元辛
丑（年脱カ）十一月十六日　御黒印頂戴仕候、右之通
忠宗公御代・御当代両度　御黒印被下置候間若是書上仕候、
以上
延宝八年四月九日

瑞巌寺

一政宗公瑞巌寺御造営ハ慶長十四年己酉三月廿六日也、海晏
和尚住持四年、次月叟和尚十年、次碧堂座元三年、其後
十年無住、此内ハ大窪八右衛門御番被　仰付候、海晏和
尚住持之内寺領二拾貫文・方丈扶持方五拾石・塔頭扶持
方七拾石従
政宗公御寄附、其節之御取次等分明ニ知不申候、右十年無住
之後寛永十三年丙子九月五日
貞山公百箇日之御法事より雲居ニ住持被　仰付御焼香被申
候、寺領高二拾貫文、此外納十五石ハ
貞山公御霊供米・五拾石ハ方丈扶持方・七拾石ハ十三塔頭

扶持方、御取次ハ古内主膳

忠宗公御黒印ハ寛永十五年戊寅二月廿四日出申候、其後御竿通り高二拾四貫文ニ成り於宮城郡松島・赤沼両村寛永二十一年甲申八月十四日ニ又

忠山公御黒印也、雲居十三年住持慶安元年七月隠居、此年八月洞水江住持被　仰付洞水十五年住持寛文元年七月隠居、此年八月八日拙僧ニ住持被　仰付候、洞水住持之内新田切添ニ御竿入壱貫四百八拾七文出右合二拾五貫四百八拾七文也

貞山公御霊供米・方丈扶持方・塔頭扶持方ハ

忠宗公之御黒印与同前右之外十五石ハ

義山公御霊供米相添寛文元年十一月十六日

御当代之御黒印也

延宝八年四月廿三日　　瑞鳳寺

一当寺創開之儀寛永十三年五月廿四日

政宗公御逝去付而清岳保春院住持之節被致御導師以後　御霊屋御建立清岳当寺開山被　仰付、寺領御寄附被　成下候段左ニ書記之

十貫文瑞鳳寺領寛永十五年従

忠宗公開山代奥山大学・鵜田次右衛門を以被遊御寄附、同廿年迄御足目にて被下置惣御検地之上二割出目共十二貫文被下置之旨清岳代同廿一年　御黒印頂戴仕候、然処拙僧代寛文十二年正月廿五日当寺火事仕　御黒印致焼失候付、柴田中務・古内志摩を以遂披露、同閏六月晦日　御黒印致頂戴候

三貫六百文　瑞鳳殿寛永十五年御番僧四人被相付之由奥山大学・鵜田次右衛門を以被　仰渡、同廿年迄御足目にて被下、同廿一年惣御検地御知行割之節二割出目之上ニ三百文宛御加増被成下、一人ニ壱貫二百文積ニ合四貫八百文被成下候由、冨塚内蔵丞・奥山大学・山口内記を以住持丈岩代ニ被　仰渡之由申伝候

三貫文　瑞鳳殿御掃除之者六人、同十五年より同廿年迄御足目にて被下候内、三人ハ身代不罷成相除申候、残三人にて相勤申段申上候付而右三人分之御知行被下置、一人ニ付而壱貫文宛之積にて相勤申候、同廿一年ニ二割出目共ニ御知行三貫六百文ニ被成下之旨右三人之衆を以被仰渡候由承伝候

二貫四百文　感仙殿御建立被成置御番僧二人被相倍一人ニ壱貫二百文之積六人ニ被成置之由、万治元年三月山口内記・真山刑部を以住持丈岩代被　仰渡候由申伝候

二貫四百文　感仙殿御掃除之者二人分壱人付而壱貫二百文宛

感仙殿御建立被成置付而被相倍候由、同年同月右両人之衆を以被　仰渡之由申伝候、右六口御知行高合廿五貫二

百文御寄附被成下候
外
玄米十五石　瑞鳳殿御仏供料内六石ハ毎月廿四日御斎米、同六石ハ五月廿四日御斎米、同三石ハ七月施餓鬼料也、但万治三年大條兵庫・茂庭周防・奥山大学を以御寄附被成候由申伝候
玄米十五石　感仙殿御仏供料内六石ハ毎月十二日御斎米、同六石ハ七月十二日御斎米、同三石ハ七月施餓鬼料也、但万治元年七月ゟ山口内記・真山刑部を以住持丈岩代御寄附之由申伝候
御切米二切御扶持方三人分
瑞鳳殿鐘撞料寛永十四年被下之由申伝候
御切米二切御扶持方三人分
感仙殿鐘撞料寛文四年より被下之由申伝候
右之通御知行并御斎米御切米御扶持方御寄附之段承伝を以書立指出申候、拙僧代当時火事仕　御黒印証文等迄致焼失委細之儀相知不申候条略如斯御座候、以上
延宝八年五月十九日　覚範寺

一　覚範寺本領二拾貫文
政宗公御代天正年中為
性山公御菩提於米沢遠山地覚範寺御建立被遊開山住持虎哉代ニ右二拾貫文御寄附被遊候由承伝候、御申次ハ相知不申候
忠宗公御代住持徹宗寛永年中惣御検地之節御竿出目を以二拾四貫五百文ニ被成下候
御黒印并
御当代御黒印所持仕候、以上
延宝八年四月十一日　良覚院

一御家御代々拙者従先祖御祈禱所被　仰付
御先祖朝宗様奥州　御下向之節被召連罷下候由申伝候、何代巳前之良覚院有之候哉不存候、御知行拝領仕候儀
晴宗様御代天文廿二年正月十七日之御判物下長井庄椿郷内下郡山石見守分中沢在家・田中在家・極楽在家、同庄手子郷・気之の在家、同庄守泉郷切田・千苅、同庄五十川之内道珍屋敷・島在家・妙昌作り西山に山路備前之屋敷、同庄椿之郷内辻之在家、苅田庄、柴田庄棟役之口銭各永代不可有相違由　御文言にて所持仕候、乍去何程之高何之品を以被下置候哉不承伝候、旦又
（マヽ）貞山様御代於米沢御知行弐拾弐貫五百文被下之由承候、此　御黒印ハ無御座候、其後会津御手入候時分御加増之地拾五貫五百文被下置候、如何様之品にて被下置候哉、御申次共不承伝候、此御判物ハ天正十七年十二月十五日

之御日付にて所持仕候、右之御知行高三拾五貫文有之処、
五代已前之良覚院右御知行之外御領内より
伊勢熊野江参詣仕者より役代一人ニ付本代三百文宛受納可
仕由被　仰付、其節御領内より一箇年ニ二千人宛参詣之
者御座候而右之役代過分有之付、御知行拝領仕候処、御
重恩有之候間返上仕度由申上指上申候、乍去御祈禱所々
灯明領与被　仰出、御知行二貫九百十二文被下置候、其
後拙者親代罷成
伊勢熊野参詣之者も段々減少仕漸一箇年ニ廿人・卅人之躰ニ
而役代少分罷成為御祈禱毎年大峯山修行も不罷成以之外
進退困窮仕候付而
義山様御代寛永廿一年右御知行差上候品々成田杢を以　御
耳相立候処被　聞召届拾六貫三百六拾文古内古主膳を以
被下置候、右之燈明領之二貫九百拾二文、其年御竿相入
二割出被下置三貫六百四拾文罷成、都合二拾貫文ニ被成
下、同年　御黒印頂戴仕候、拙者親慶安五年三月相果、
同年跡式無御相違右主膳を以被下置候
御当代寛文元年之　御黒印も頂戴仕候、当時拙者御知行高
二拾貫文御座候、以上

延宝八年六月五日　　高野山 観音院

一　去文禄三年
大閤秀吉公御登山之時
羽柴起(マヽ)前守侍従政宗公者自往古旦契之筋目依有之観音院ニ
御寄宿被為成候、其節為御一門御廻向料奥州大崎之内三
百石御寄附則　御自筆黒印被成下候時之住持、僧都盛弁、其後無相違
御寄附状
御代々被下置候、別紙ニ写指出申候、御申次衆誰を以被下置
候哉承伝不申候、依之毎月門派之僧衆於
御代々御牌所御法事等相勤来候事于今退転無御座候、以上

延宝八年十月五日　　保春院

一　保春院本領高十一貫五拾四文
政宗公保春院殿之為御菩提当院御建立被遊、寛永八辛未年
三月三日　御直書を以奥山大学江被　仰渡、開山清岳代
御寄附被遊候
御黒印并奥山大学江被　仰渡候
御直書有之候、御加増高四貫五拾八文
政宗公於当院従清岳御参学被遊為御礼寛永十一甲戌年霜月
十二日本高十一貫五拾四文ニ右之御加増四貫五拾八文被
相添高合十五貫百十二文之所奥山大学・石田将監を以開
山清岳代被遊御寄附候、御参学之節清岳江被遊候　御直
書并御状箱有之、御割出御加増高二貫八百八拾八文
忠宗公御代寛永廿一甲申年八月十四日本高十五貫百十二文

ニ右之御割出二貫八百八拾八文被指添惣都合十八貫百文
之所
御黒印并冨塚内蔵丞・奥山大学・山口内記・和田因幡目
録之添書を以即天代ニ御寄附被遊候、右寺領御寄附被遊
候意趣略若是御座候、以上
延宝八年四月三日

孝勝寺

一義山公御時代先之住日春代寺院焼亡仕、依之
孝勝院殿御願被遊、慶安元戊子年客殿庫裡等御建立之御企
有之同三年ニ成就仕、其節ハ
義山公御在江戸被遊候付而、右之寺院御建立之絵図於江戸
高覧被遊、即座ニ真山刑部・入江左大夫両人江地領之儀被
仰出、翌年御帰国被遊、慶安四年辛卯年真山刑部を以御
知行高十貫文御寄附被遊之段被　仰渡、同年十一月廿六
日之御書付にて　御黒印并山口内記・真山刑部両人之添
書付に而日春代御寄進、其後
綱宗公御代日玄住(マヽ)寺之節万治二己亥年二月五日
孝勝院殿御逝去被遊候付
孝勝院殿御在世之内当寺江一箇年之御合力等被成置候通被
相直、為御加増御知行五貫文被遊御寄進、取合十五貫文
ニ被成下候、寺中之出家十八人ニ一箇年ニ一歩判三拾壱切宛
永代被下置候、御申次入江左大夫同砌随応院日春江為御
扶持方料金子一箇年ニ八両宛被下置候、右拾五貫文之
御黒印
御当代寛文元年辛丑年十一月十六日之御書付にて　御黒印
并奥山大学・鵜田治右衛門・和田織部・木村久馬・内馬
場蔵人五人之添書付日春代被遊御寄附候、拙僧住(マヽ)寺之砌
寛文七年顕了院日玄隠居為御扶持方料一箇年ニ金子十五
両宛被下置候、拙僧代寛文八丙申年　御霊屋御造営、其
後寛文十二年庚子年九月廿九日古内志摩を以被　仰渡
孝勝院殿為御供料一箇年玄米十石宛御寄附被遊候書付有之
御霊屋掃除番一人分御切米金子弐切三人御扶持方被下置
候書付有之候、以上
延宝八年四月十三日

陽徳院

一陽徳院建立知行并
御霊供米之事、当寺創建ハ正保四年丁亥二月古内主膳・
山口内記江被　仰付候、御普請奉行但木三郎左衛門・黒沢
喜左衛門慶安三年庚寅雲居入院有開堂法語之儀式、于時
忠宗公御光臨被遊　御聴聞候、寺領高拾五貫文此外　御霊
供米拾石也、承応三年甲午七月十八日
忠宗公之御黒印也、其節之御申次誰人にて御座候哉分明覚
不申候、開基雲居住持三年承応元年隠居同年禅山ニ住持
被　仰付候已後、天潤・列岑・鵬雲・拙僧住持被　仰付

候、寛文元年
御当代之御黒印也
　延宝八年四月廿三日

一　松音寺儀者　　　　　　　　　　松　音　寺
御先祖成宗様御開基之寺ニ御座候故、寺領御寄附可被遊与
奉存候、古来之証拠等可有之候得共、数度火事仕候寺ニ候
得者焼失申候儀も可有之候、又無主之時も候得者、其砌
紛失仕候儀も難計候
御先祖誰様御代住持誰之代ニ寺領被遊御寄附候哉、其品相
知不申候、知行高十四貫八百文之所
忠宗様御代寛永廿一年之八月十四日ニ被成下候　御黒印御
座候、附、冨塚内蔵丞・奥山大学・山口内記・和田因幡
加判之別紙目録有之候
御当代寛文元年之十一月十六日被成下候　御黒印御座候、
附、奥山大学・鴇田次右衛門・和田織部・木村久馬・内
馬場蔵人加判之別紙目録有之候、以上
　延宝八年四月十一日

一　輪王寺者　　　　　　　　　　輪　王　寺
大膳大夫政宗公之御簾中様蘭庭明王大禅尼公之御牌所ニ御
建立被遊、金剛宝山輪王寺与被成下
勅額候由申伝候、開山ハ越後国耕雲寺六世太庵和尚御座候
其上
持宗公之御子天初薬源和尚ハ輪王寺三世之住持御座候而僧
録四箇寺之第一位被相定候、輪王寺儀於伊達郡炎焼之時
分古キ記録焼失仕、御建立之年号等相知不申候、寺領之儀
御建立之節何程御座候哉、且又其後御加増被下置候哉、
古キ　御黒印等所持不仕候付相知不申候
義山様・当屋形様御二代之御黒印左ニ相記申候、高十四貫七
百文之所寛永廿一年八月十四日
義山様御黒印被成下候、其節之住持角外御申次冨塚内蔵
丞・奥山大学・山口内記・和田因幡右四人寺領目録御座
候、右寺領高之通無御相違寛文元年十一月十六日
当屋形様御黒印被成下候、其節之住持松岩御申次奥山大
学・鴇田次右衛門・和田織部・木村久馬・内馬場蔵人右
五人知行目録御座候、新田切添無御座候、以上
　延宝八年四月廿五日

一　天麟院領宮城之郡高城之内初原村高十三貫文之所ハ　　天　麟　院
御当代寛文元年十一月十六日被遊御寄附候、尤洞水住持奥
山大炊執権之節御座候、天麟大姉御在世之時、為天麟院
領桃生郡赤井村新田十五貫文之所御取立被遊、彼新田

公義江被指上、右初原村御寄附之段承及候、別而品不存
候、以上
延宝八年四月廿五日

光明寺

一　当寺ハ
宗村様御後室願善大姉御位牌所也、於伊達郡西根御建立始
之住持無聞禅師是則当寺開山也、為
大姉御仏供読経等於西根・刈田両所之内御寺領御寄附之由
申伝候、貫高ハ知不申候
政宗様御当地　御移城之時
大姉御位牌之供奉当時十八世之住持大陰被　仰付、於栗原
郡小野村花島
御位牌安座以来於磐井郡・賀(マヽ)美郡両所高十貫五百七拾八
文之所御寄附被遊候、寛永元年三(マヽ)月廿二日寺類火仕、古
来之記録等悉焼却申候故旧記不祥候、本高二割出都合拾
二貫七百文之所
忠宗様御代寛永廿一年八月十四日之日付にて住持湘南代御
寄附被遊　御黒印并冨塚内蔵丞・奥山大学・山口内記・
和田因幡右之衆別紙目録有之
御当代寛文元年十一月十六日之日付にて拙僧代右高　御黒
印并奥山大学・鵜田次右衛門・和田織部・木村久馬・内
馬場蔵人右之衆別紙目録有之、右御寺領御寄進之趣如此
御座候、勿論新田切添無之候、以上
延宝八年四月十五日

遠田篦峯寺　衆徒中
同所監守　東之坊

一　遠田之内無夷山篦峯寺寺社領被相付候品々、先年宝亀元
年田村丸東夷御追伐之砌、当山大加藍御建立已(マヽ)来号無夷
山篦峯寺与天下泰平国主御武運長久御吉例御弓始之大神
事観音白山宝前にて無怠慢致勤行、伊達・大崎・葛西従
三家御崇敬因茲寺社領被相付由御座候得共、御代替之時
分被召上由御座候、
御当家ニ罷成候而も当山之内者如先規油(マヽ)地ニ御寄附被遊被
下候得共、衆徒等段々致困窮永代之大神事難相勤退転ニ
及申躰御座候故
義山様御代寛永廿年右之品々申上野谷地一坊ニ壱町宛も致
拝領、大神事経営御祈禱相勤、随而衆徒も致相続度奉存
候段、御郡代郡山豊後其節之御申次山口内記・真山刑部・
和田因幡を以致言上候処、遠田之内吉住村・大田村・篦
嶽三ヶ所之野谷地にて御新田所廿五町被下置正保三年ゟ
開発仕、慶安三年御検地被相入候得共逼迫仕候故起目も
少分御座候間、右起残之野谷地被下置連々開発仕度由奉
願候処、願之通被　仰付右起残之野谷地被下置、右願之
通連々ニ起立、明暦二年御棹被相入高十二貫二百五拾五

文罷成候得共、其節
御黒印ハ不被下置候得共、年貢等者所務仕候処
御当代寛文五年四月八日之御日付ニ而右高之御黒印衆徒廿
四坊ニ被下置候致頂戴所持仕候、以上
延宝八年四月十三日

真福寺

一 当寺之儀本寺従一遍上人五代目他阿上人当国於葛西之城
下新寺致開発寺建立仕候処、当時廿八代住持覚恵葛西亡
落以後岩出山江
貞山公被成御座候時分右覚恵罷越古跡之品々申上候付寺地
拝領仕、其後仙台江御取移被成候時分御供仕、御当地江罷
越為　御意御知行拾貫文寺領御寄附被成下之由承伝候、
久事候間年号御取次ハ相知不申候、且又
義山様御代寛永廿年御検地入何も并ニ二割出目二貫文拝領
仕候而十二貫文之
御黒印被下置致頂戴候、拙僧儀寛永廿年古内主膳・津田
豊前両人御取次を以真福寺住持被　仰付候、以上
延宝八年四月十三日

高野山学侶方
成就院

一 従　伊達御家成就院寺領御寄附之由緒者為伊達摂津守殿
御弔茂庭石見入道了庵登山候処ニ、観音院者行人方之故
大法事執行不罷成候付、学侶寺成就院一宇買得之摂津守
殿御菩提所ニ被相定之権大僧都快仙を住持ニ御頼大法事
被致執行之、向後了庵帰国之節右之旨趣
前中納言政宗様江被致言上候処、様子具被為遂　聞食之向
後御一門様之御菩提所ニ可被為成之由被　仰出、為寺領
十貫文之所御寄附被遊之、則　御黒印被為成下之候、然
故
輝宗様同御簾中様之御位牌御建立、其後
御代々之御位牌并御一門様方之御位牌等其時々ニ被遊御建
立候、従
忠宗様寛永十四年ニ被為成下
御黒印者十貫文之処如前代不可有相違之旨ニ御座候、其
後寛永二十壱年ニ被為成下候　御黒印者十二貫文之所、
任先規被遊御寄附之趣御座候、右
御代々御黒印之写別紙ニ相認懸御目申候、猶委細之儀者茂
庭周防可被存候歟御尋可被成下候、以上
延宝八年九月廿一日

寺社領御寄附御牒　二

山寺
洞雲寺

一 宮城郡国分山寺瀧門山洞雲寺者加賀大乗寺三代目より相
分申候故明峯派之本寺ニ御座候、開山ハ遠州梅谷円通寺

之開山法屋忍和尚弟子梅谷和尚与申遠州僧ニ御座候、住持ハ梅谷計に而其後者無住ニ御座候故廿五院塔主共輪番掃除勤行仕於于今右之通相勤申候、洞雲寺開山時代ハ三百年余以前与承伝候、近末寺ハ七十箇寺余ニ御座候、元和二年迄ハ門中之衆転衣仕候節者洞雲寺に而首尾仕候、其以後ハ上京之上永平寺・総持寺ニ而首尾仕候、洞雲寺ハ無縁寺に而御座候処

貞山様御代山寺洞雲寺者古跡与被　仰出被為　成候時分、御扶持方三十石被下置候由承伝候、其後又以被為　成、御扶持方三十石御加増被成下、合六十石被下置候由承伝候得共、年月勿論御申次誰ニ御座候哉不承伝候

義山様御代ニ罷成寛永十八年洞雲寺并塔主共廿六院之茶畑江御竿被相入候上、御扶持方成共茶畑代高成共一方ハ可被下置候間望可申上由被　仰付候付、塔主共申上候ハ御扶持方差上可申候間、茶畑代高知行ニ被成下度段奉願候付、願之通茶畑代高拾壱貫九百三拾文正保二年極月被下置　御黒印頂戴仕候、右御申次者相知不申候、寛文元年ニも　御黒印頂戴共ニ二枚所持仕候、此外切添新田も無御座候、以上

延宝八年四月十六日　　新宮寺

一　名取郡熊野宮神領御寄附之品当社者

鳥羽院之御宇保安四年巫女名取老女熊野三山之神を始勧請、名取郡其外異説雖有之候年代深遠故旧事不詳候、文治五年

頼朝卿奥州御発向之砌於当社武士以下甲乙人令騎馬社頭経廻之儀并社領山林竹木伐取自由乱入之狼籍御制禁之　御文書并官領家当郡旧領主神領寄附諸公務免許造営等之証文数通雖有之候、品々不分明候条令省略候

稙宗様当郡御領被遊、永正十一年四月廿三日神領棟役田銭御免許御名付者

直山与被遊候　御判物一通右之

御文言に而天文十五年九月九日

晴宗様御判物一通天正三年三月七日

輝宗様御判物一通天正十六年霜月晦日

政宗様御朱印一通御座候得共　神領貫高之儀

御文言ニ無之候故相知不申候

忠宗様御代寛永廿一年八月十四日之

御黒印ニハ神領五貫六百四拾文之所御寄附内三貫文別当・弐貫四拾文御的射弥七郎・六百文同弥兵衛ニ被下置候

御同代右弥兵衛野谷地拝領開発高三貫二百八文慶安二年十月廿二日以山口内記被下置候、其以後又以右起残谷地申請開発高壱貫十一文之所承応三年二月十六日古内故主膳を以被下置四貫八百拾九文ニ被成下、都而　神領九貫八百五拾九文之所御寄附被遊候

御当代寛文元年霜月十六日之御黒印被成
下候、右段々　御黒印御書込一紙ニ新宮寺御宛所ニ而御附
与被遊候、右　神領御寄附之品々承伝如斯御座候、以上
延宝八年四月廿九日

資　福　寺

一　当寺者元来羽州屋代庄夏刈村有之、中古住持等或断絶、
或寺僧役者中寄合持ニ罷成或戦国之時分知行御寄附之御
判形等も致紛失明白成証拠ハ無之由申伝候、又前々より
申伝ニ者
義広公御建立被成候観音堂有之処
政依公之御代資福寺御建立観音堂を以為仏殿、伽藍成就之
後仏源禅師を以開山ニ被成候、仏源者鎌倉五山之内浄智
寺之開山ニ而元来宋国之人、日本文永六年来朝正応二年
十一月晦日遷化被致候、尓来天下名藍之図ニ被載之、長老
等之官位致執行候、昔年者寺領百貫文程も御寄附有之様
ニ申伝候、其時之観音之尊像者今米沢福泉寺ニ有之為本尊
虎哉和尚住持之時分まて山門・仏殿・方丈・土地堂・祖
師堂・開山塔者御座候与承候、寺之鐘今米沢長井庄文殊
堂有之、永仁年中鋳之、永正十八年四月二日
稙宗公より屋代庄さゝわの郷ニ而知行九貫文程之　御判形
被下候、青木伊右衛門致所持候、其末之御文言ニ任本牒永
代不可有相違候云々、以是見申候得者永正以前も代々寺
領被下候与相見へ申候、弘治三年五月八日従
晴宗公御黒印被下候御文言ニ曰、自
無一軒可楽居士寄進之地伊貢（マヽ）庄おいかさきの郷西光寺分御
知行之事永代不可有相違候、又如当御門前可為守護不入
者也、仍証文如件、年号日付　御判形有之貫高ハ無之候、
御加増之地与相見江申候、此　御判形近年永倉吉三郎所
ゟ致所望候
輝宗公十貫文程之知行　御判形被下之由承及候、従
政宗公知行之　御判形御座候由承及候、此時者貫高不存候、
七貫文ニ而可有之与存候、於当国ハ七貫文致所領候由申
伝候、右二通之
御判形者
忠宗公之御代御座候哉被召上候由承伝候、尤年号日付御申
次等不承伝候、寛永廿一年八月十四日於三ノ迫三田島村
本地七貫文ニ二割出被相加八貫七百文之所、従
忠宗公御黒印被下候、其時之住持者祝峯ニ御座候、御申次者
冨塚内蔵丞・奥山大学・山口内記・和田因幡以上四人之
知行目録致所持候
御当代寛文元年十一月十六日右八貫七百文之所無相違　御
黒印被下置候、此時住持者拙僧御申次者奥山大学・鴇田
次右衛門・和田織部・木村久馬・内馬場蔵人以上五人之
知行目録御座候、右寺領之内新田切添等少も無御座候、
以上

延宝八年四月廿五日

泰心院

一　泰心院者
稙宗様之奥方様御位牌所御座候、永禄十丁卯歳二月十一日
御逝去御座候、則奉号
泰心院殿怡稠妙悦大姉候、寺領之儀
晴宗様之御代御寄附被遊候由代々申伝候、知行高何程御座
候哉泰心院事於岩出山炎焼仕候、其砌　御黒印焼失仕候
条相知不申候
義山様・当屋形様御二代之　御黒印御座候間則左ニ書立差
上申候、寺領高八貫四百文之所寛永廿一年八月十四日之
御日付に而
義山様御黒印被成下候、其節之住持圭存、御申次冨塚内蔵
丞・奥山大学・山口内記・和田因幡に而御座候四人之知
行目録有之候、右八貫四百文之所無御相違寛文元年十一
月十六日之日付ニ而
当屋形様御黒印被成下候、其節之住持圭逸御申次奥山大
学・鴇田次右衛門・和田織部・木村久馬・内馬場蔵人ニ而
御座候、右五人知行目録有之候、此外御加増并新田切添
も無御座候、以上
延宝八年四月廿一日

円通院

一　円通院領
御当代寛文元年十一月十六日之　御黒印也、住持古澗代
要山公被召使候衆、後藤大隅・遠山勘解由依願宮城郡高
城之内初原村高七貫文之所右同年九月八日被遊御寄附
候、御申次者奥山大炊・柴田外記両人ニ御座候、以上
延宝八年四月廿九日

定禅寺

一　定禅寺領
御先祖様御代被遊御寄附候哉知不申候、定禅寺開山範済与
申僧に御座候、二代目範瑜与申候、此住持ニ永正十年九月
三日之御日付ニ而
尚宗様御書一通天文十五年二月十八日御日付ニ而
稙宗様御書一通年号無之二月廿九日御日付に而御名付者
藤原宗与計被遊候　御書一通、以上三通右範瑜江被下候
御書御座候、若此代被遊御寄附候哉与奉存候、寺領高六
貫六百文ニ御座候
忠宗様・御当代様御黒印二通御座候、以上
延宝八年四月六日

栽松院

一　栽松院儀者

御先祖晴宗様御前様御開基之
御位牌所ニ御座候、就夫寺領可被遊御寄附与奉存候
御先祖誰様御代住持誰之代ニ被下候哉数代移替之儀候得者
唱失申候与相見委細被知不申候、知行高六貫文之所
忠宗様御代寛永廿一年八月十四日ニ被成下候　御黒印御座
候、附、冨塚内蔵丞・奥山大学・山口内記・和田因幡加
判之別紙目録有之候、同
御当代寛文元年十一月十六日被成下候　御黒印御座候、附、
奥山大学・鵜田次右衛門・和田織部・木村久馬・内馬場
蔵人加判之別紙目録有之候、以上
延宝八年四月十一日
寂光寺

一　当寺開山者拙僧より四代以前慶印上人与申候、右慶印旧
地者奥州信夫郡青葉山羽黒別当御座候、然処慶長年中
貞山様福島　御出陣之節右上人何様之品ニ御座候哉御軍用
ニ相立候ニ付而御当地江被召移、茂庭石見御申次を以権現
社地等并寺領五貫文之所御寄附被遊由承伝候、年月等相
知不申候、右之通寺領五貫文御座候処
義山様御代惣御検地之砌二割出目を以六貫文之高ニ被成下
御同代御黒印者勿論
当屋形様御黒印共ニ両通先住持慶与頂載所持仕候、拙僧儀
者寛文三年九月原田甲斐・冨塚内蔵丞を以住持被　仰付
候、以上
延宝八年四月廿二日
富山 大仰寺

一　富山観音牧山野々獄者熊野三山を表之由古来申伝候、縁
記（マヽ）等ハ無之候、其後
義山公遠島江御越之節洞水山居之由被及聞食当山を被下
候、御取次古内伊賀之由申伝候、年月不相知候、洞水
瑞（マヽ）岩寺住持之内正保三年於手樽村海新田申請起目之所壱
貫五百二拾文寛文元年ニ　御黒印被下置候、御取次奥山
大学右新田起残段々開発弐貫九百七拾弐文寛文十年ニ
御黒印直被下候、御取次古内志摩右起残九百九拾八文延
宝六年ニ被下置候、御取次黒木上野未御黒印直不被下候、
知行高都合五貫四百九拾文御座候、以上
延宝八年六月十八日
名取郡綱木村 祥岩寺

一陽徳院様依　御意慶安四年ニ当山を御切開、雲居隠居所被
下置候以後、明暦三年ニ
義山様山口内記ニ被　仰付、国分之内荒浜村ニ新田高五貫六
拾三文御切起被遊御寄進候、其後寛文元年愚僧代ニ　御
黒印被下置候、以上
延宝八年四月十日

寺岡　永安寺

一　国分福岡村寺岡永安寺明暦年中
義山公御取立雲居開山ニ請待被遊、古内主膳御取次ニ而寺領
五貫文被下置候
義山公御黒印者無御座候故年月相知不申候、
御当代寛文元年十一月十六日右五貫文之　御黒印先住月畊
代ニ頂戴所持仕候、以上
延宝八年四月十七日

善導寺

一　当屋形様御代寛文元年ニ品川
殿様御先妣得生院御廟地有之候付而、奥山大学江戸江為申
登兵部殿・右京殿江柴田外記披露を以於宮城郡国分小泉
村五貫文之所御知行被相付候、但当寺八代目正誉住持之
時同年八月廿二日御寄附被成下候、其後　御黒印拙僧奉
頂戴候、以上
延宝八年四月十日

薬本寺

一　当寺者湯殿山御代参并御祈禱之霊場也
政宗公御代三代以前之住持尊雄始当寺開基仕、則真言宗ニ
御座候、右尊雄何様之品を以寺地拝領仕候哉年号御申次
等も相知不申候、右
御同代ニ者五人御扶持方住持尊雄代御寄附被遊候、是又年
号時之御申次相知不申候、右尊雄代
忠宗公当寺江三箇度被為　成、三箇度目慶安元年三月十七
日被為　成候節掃除勤行等無怠慢相勤、其上度々御成等
申上候段被遊　御感之由に而五貫文御寄進被成下之旨
御直ニ被　仰出候
御黒印者同年四月五日之御日付ニ而尊雄代頂戴仕候、尤
山口内記・和田因幡・真山刑部連判別紙目録有之、寛文
元年十一月十六日之御日付ニ而
御当代御黒印隠居音順代ニ頂戴仕候、尤奥山大学・鴇田次右
衛門・和田織部・木村久馬・内馬場蔵人連判之別紙目録
有之、先住音順寛文七年ニ隠居願上原田甲斐を以同年拙
僧後住被　仰付候、寛文三年当寺依火難古来之記録等焼
却故品々不詳候、以上
延宝八年四月十五日

仙英寺領　遠藤覚左衛門

一　小蓬山仙英寺領五貫文
義山様御薬園被相立薬師堂御造建被成御祭田ニ被相付武田
道入被差置候、何時ゟ被相立誰之御申次与申儀者不奉存
候、右道入子道入相果申付延宝元年極月九日以田村図書
拙者ニ御薬園役被　仰付、慶安五年三月廿日・寛文元年十

一月十六日右両年号之　御黒印二枚請取置申、延宝二年
ゟ之物成拝領仕候、御祭御掃除御薬種等相調申候、以上
延宝八年五月六日
牧山観音別当
長全寺

一義山様御代当山観音者坂上田村丸凶徒御退治之刻御建立之
浄砌(マヽ)霊験於于今厳重之薩埵御座候、依之前住栄存代笹町
但馬申渡候付而湊川口御船入之御祈禱仕候処、御願之通
川口之御船入能罷成候、笹町但馬・栄存右之段山口内記
御取次に而申上候処、於湊村御知行五貫文被下置候旨、
明暦三年五月廿九日山口内記御取次ニ而被　仰渡候
当大守様御代寛文元年十一月十六日御黒印并御家老御出入
司衆之御添目録前住栄存頂戴仕候、以上
延宝八年六月十四日
小松寺

一　大崎遠田小松寺江寺領附被下候儀、小松寺住持拙僧より
三代前龍宝寺住持十三代祖実雅隠居被申
義山様御代何年何月誰之御申次与申事者知不申候得共栗原
郡小林村ニ而四貫弐拾八文之所、寛永二十一年八月十四
日ニ御黒印頂戴仕候、其後龍宝寺十四代之住持実雄住居
被仕時分手前寺領之地添百姓共切起申候を承応四年御竿
ニ八百五拾六文之所山口内記御申次に而被下置候、何月
幾日与申事相知不申候、拙僧代寛文元年霜月十六日ニ従
当屋形様右両高合四貫八百八拾四文之所
御黒印頂戴仕候、以上
延宝八年四月十日
国分寺院主

国分寺院主領之事
一貞山様御代慶長年中拙僧より七代以前院主住持宥養時代ニ
御知行高弐貫文并白山御祭料壱貫五百文都合三貫五百文
被下置候由御座候、併
貞山様御黒印所持仕候、勿論御申次衆誰与申儀も相知不申
候
義山様御代御竿ニ割出目を以右御知行四貫弐百文ニ被成置
於宮城郡国分小泉村ニ被下置候
義山様・当屋形様御黒印読経祈念掃除勤行不可有怠慢旨被
相記両通頂戴所持仕御事御座候、以上
延宝八年六月十五日
千手院

一　千手院寺領
御先祖誰様御代被遊御寄附候哉存知不申候、寺領高四貫文
ニ御座候、寛永二十一年八月十四日
忠宗様御黒印一通御家老衆奥山大学・冨塚内蔵允同年同日

ニ而御下書御座候、寛文元年十一月十六日
御当代様御黒印一通御家老衆奥山大学同年同日ニ而御下書
御座候両通之　御黒印致頂戴所持仕候、拙僧儀寛文六年
四月千手院被　仰付住持仕候、天正十四年十月七日
政宗様
八幡宮御式目之　御黒印一通
八幡宮神前御祈禱之巻数先寺代致献上候付
忠宗様五月十三日御日付之　御書一通右両通御座候、先寺
何代目ニ被下置候哉碇与知不申候、以上
延宝八年五月廿三日

黒川宮床村
信楽寺

一　黒川之内宮床村信楽寺寺領三貫八百七拾弐文之所被相
付、寛永廿一年・寛文元年之　御黒印被下置候、先住持
より相譲拙僧手前所持仕候、拙僧より七代以前之実済右
信楽寺を隠居所ニ
貞山様より被下置候由ニ御座候、勿論信楽寺江寺領
貞山様より被下置候由ニ而文録(マヽ)三年屋代勘解由江御下知之
御直書被下置候、其　御書信楽寺ニ御座候、信楽寺無住ニ
御座候間拙僧方より如斯御座候、委細之儀不存候、以上

龍宝寺

延宝八年四月廿五日

黒川宮床村
高岩院

一　黒川之内宮床村高岩院寺領三貫七百五拾五文之所被相
付、寛永廿一年・寛文元年之　御黒印被下置候付先住持
より相譲拙僧手前ニ所持仕候
御先祖誰様御代住持誰代ニ右之寺領被下候段龍宝寺古来之
僧共ニ相尋申候得共分明ニ知不申候、尤右之高岩院寺地先
年ハ有之由ニ御座候得共、当時何方ニ御座候も相知不申候
間拙僧手前より申上度当春ゟ右高岩院百姓共ニ相尋、今
程内々承合候内幸御触ニ御座候間如此申上候、当時之隠
居所与被相付候故歟、右三貫七百五拾五文之高岩院寺領
物成者龍宝寺江所務仕候由ニ御座候、以上

龍宝寺

延宝八年四月廿五日

黒川今村
天皇寺

一　黒川郡吉岡天皇寺領寛永十一甲戌年七月廿二日伊達河内
殿御遠行被成、天皇寺ニ御廟所御位牌被相立候付
貞山様より寺領三貫六百六拾五文之所奥山故大学を以右同
年ニ拙僧三代以前絶峯長老代被遊御寄附之由申伝候、其
節之
御黒印者如何様之儀ニ御座候哉所持不仕候
義山公御黒印寛永二十一甲申年八月十四日奉頂戴

御当代御黒印寛文元辛丑歳十一月十六日奉頂戴両通所持仕候、以上

延宝八年四月廿三日

観喜院

一貞山様御代定禅寺五代目隠居融与観喜院取立住持仕候、右融与

貞山様御幼少之節御取子ニ被為成候付難有　御意共御座候上、堪忍之儀者屋代勘解由ニ被　仰付之旨　御直書被下置、其以後寺領被遊御寄附之由申伝候、勿論何年ニ誰御申次を以被下置候哉其段伝不承候、右　御直書者代々于今所持仕候、知行高三貫六百六拾文之御黒印寛永二十一年八月廿一日・寛文元年十一月十六日之御日付に而二枚所持仕候、以上

延宝八年四月八日

虚空蔵別当
大満寺

一　元来虚空蔵堂者只今之御本丸之御地ニ相立当寺先住東月御二丸之下ニ大満寺相立別当仕罷在候、然処御城御取立被遊候砌、只今之両御霊屋山江右虚空蔵被相移候、堂寺共ニ貞山様為　御意御建立被成下、其砌御寄進拝領仕候由承伝候、尤其節撞鐘も御懸被下候、且又祭礼之砌者入料等被下置候、尤堂之修覆も只今之所迄被成下候右

貞山様御代拝領仕候砌之寺領高員数、尤其節之御取次も不存候

義山様御代寛永廿一年八月十四日御知行高三貫六百三拾四文之所　御黒印奉所持候、寛文元年十一月十六日御当代ニ右之通之　御黒印拙僧頂戴仕候、以上

延宝八年四月廿九日

宮城郡利府
円城寺

一　利府円城寺寺領

貞山公元和二年ニ当地江御鷹野ニ被為　出円城寺御一宿被遊住持被召出法を被相尋候処、当地三代以前之住持良将和尚右法之御挨拶被申上候段御機嫌ニ入、同年ニ中嶋監物御取次を以寺領高三貫拾四文被下置、其以後節々御鷹野之砌被為　成、寛永十年ニ寺内ニ御仮屋被相立

義山公御黒印寛永廿一年ニ都合三貫六百拾四文二割出共頂戴仕、寛文元年

御当代御黒印頂戴仕、良将より拙僧迄三代頂戴仕候、以上

延宝八年四月十三日

満願寺

一　満願寺白川二所関々山観音別当慶重白川ニ罷在候節より

貞山様江度々　御目見仕、其上観音江
貞山様御宿願被相掛候処、御成就被遊由ニ而御神馬黄金御
献上被遊候、其以後白川之家依滅亡会津江蒲生氏郷御下
向白川城主ハ関長門住居被仕候、然処葛西之家御退治之
節
貞山様江満願寺慶重御内通申上候由偽申懸、右長門満願寺
を殺害可仕様子相聞候付、右慶重観音を御守仕仙台江罷
越右之趣
貞山様江奥山出羽を以披露申上候処、御当地ニ観音堂被相立
其上満願寺江寺領三貫文御寄進被成下候、年月者久儀ニ御
座候故不承伝候、惣御検地之節二割出目六百拾文被下置
都合三貫六百拾文ニ被成下、寛永廿一年八月十四日
義山様御黒印頂戴所持仕候
御当代寛文元年十一月十六日右三貫六百拾文被下置　御黒
印頂戴所持仕候、満願寺住持拙僧迄五代御座候、以上
延宝八年四月十八日

牡鹿門脇村　普聖寺

一　川村故孫兵衛存生ニ寺相立申度与心懸申内病死仕候付、
当孫兵衛古内故主膳を以故孫兵衛如願寺相立申度候、右
孫兵衛拝領仕候野谷地之内三町歩牡鹿之内大曲村ニ而被
下置度旨申上候処、右主膳を以如願被成下慶安四年開発
仕候、新田高三貫百五拾壱文右主膳を以被下置新寺相立
号普聖寺、開山宥弁法印住持仕、主膳を以
義山様江御目見仕候
義山様御代ニ者　御黒印不被下置
御当代寛文元年十一月十六日開山宥弁
御黒印頂戴仕候、拙僧儀者寛文六年五月入院仕二代目宥
秀より　御黒印受取致頂戴所持仕候、以上
延宝八年五月二日

胆沢前沢村　霊桃院

一　下伊沢郡前沢村先寺号興化寺寛文三年三月八日飯坂内匠
殿御逝去被遊御位牌所ニ被　仰付号霊桃院、就夫飯坂出
雲知行之内寺領ニ相付申度与訴訟之上、冨塚内蔵丞・奥山
大学御後見之兵部殿・右京殿江被申達、柴田外記・大條監
物を以披露、同年七月晦日原田甲斐・冨塚内蔵丞・奥山
大学・伊藤新左衛門を以寺領高三貫文拙僧代ニ御寄附被
成下、尤御黒印迄被下置候、御加増新田切添無御座候、
以上
延宝八年四月廿六日

黒石　正法寺

当寺領挙古　御代々御恩之事
一　大梅拈花山円通正法寺者
人王九十八代光明院之御宇貞和四戊子年為無底禅師開境矣

人王九十九代後伏見院之御宇観応元年庚寅日本曹洞宗第三
箇之本寺紫衣之道場ニ御定之
御綸旨被下置、追而
人王百四代後花園院之御宇ニも曹洞第三箇之本寺出世之霊
地被　仰付
御綸旨被下置候、次ニ康安二壬寅年正月十一日能州総持寺
二代之峩山和尚被定置条目ニも正法寺末代可為羽奥両国
曹洞本寺有是、正法寺開基大檀那者長部近江守清長・黒
石越後守正端両人出逢一山之境相定、竹木禁制殺生同断
永代諸役免許之地ニ致寄附者也、当寺塔守寺之覚続燈庵・
藤寿庵・耕雲庵・長松庵・耕田庵五箇寺只今ハ御村寺ニ仕
当寺近所被指置候、天正十九辛卯年
大守政宗公正法寺之由来依御尋ニ其時之当寺住持良英以屋
代勘解由正法寺之古来奉言上処、前代黒石越後守正端・
長部近江守清長付置通下島寺・船津山二ケ所共ニ諸役免
許ニ被下置、慶長七壬辰年宮城郡御居城之以後も以御家
臣茂庭石見当寺一山之内申上候得者、右之通山野在家共
諸役御免許被下置候、寛永元年甲子八月住持良盛仙台江
罷上、白石沢寺屋敷改而預寺領寺屋敷与申者下島寺之事
白石沢与申ハ船津山之事ニ候、此時も諸役御免許ニ被成下
候、寛永十九壬申年御検地之時壱貫三百九拾八文・白石
沢四百二拾二文・行者田六百五拾九文、寺屋敷合弐貫四
百七拾九文、一山之内諸役御免許之外五百二拾壱文足被
下候而以上三貫文之寺領ニ候、正保元年之八月従
義山様別而知行三貫文之　御黒印住持良因頂戴仕候、寛文
元年辛丑十一月従
当屋形様右三貫文之　御黒印被下置先住良繁頂戴仕候、右
高三貫文之寺領御厚恩ニ御座候、以上

延宝八年四月十五日

法雲寺隠居
了寂院

一　法雲寺御寄附之覚拙僧寺屋敷并寺領拝領之事、愚兄青木
仲五郎御近習ニ被召使候
貞山様御他界之時分為御厚恩報謝首尾合之奉御供仕候
義山様被成　御感右仲五郎老母ニ被加不便之御諚(カ)過分之知
行等拝領之内、八貫文を拙僧ニ被下置候内三貫文者永代
法雲寺領ニ被下置由古内主膳を以被　仰付候、寛永廿一
年寛文元年両度之　御黒印頂戴仕候、五貫文者拙僧存命
之間拝領之儀ニ候御書付被下置候、拙僧儀延宝元年ニ隠居
願申上弟子智善院ニ法雲寺後住被　仰付候、其節如先規
五貫文拙僧一生之内被下由大條監物を以被　仰付候、然
処延宝五年ニ右後住遷化仕拙僧監守分ニ而罷在候間如此
御座候、以上

延宝八年六月十九日

誓願寺

一　拙僧寺米沢御譜代之寺に而愛宕別当仕岩出山御当地引続
御供仕候、岩出山より取移申候砌ハ只今之満願寺屋敷ニ
愛宕宮公儀より立被下候、其後覚範寺北山江被相移候跡江
貞山様為　御意唯今之所江立被下候
御先代何之品を以寺領拝領仕来候哉其品不存候、申伝候者
貞山様会津地御陣之時分当寺住持僧喜御陣屋江愛宕御札持
参差上申候ニ
貞山様御覧被遊御機嫌能　御目見仕、御帰陣以後弥愛宕御
崇敬被遊御建立御寄進被成下候段、三代以前之住持申候
段承候得共年月御申次不存候、寛永廿一年志田郡之内耳
取村に而弐貫七百弐拾三文被下置候
御黒印所持仕候、以上
延宝八年四月廿五日

昌伝庵

一　昌伝庵者　御当家十三代
尚宗様御二男久松様御法名昌伝久公御牌所御座候、依之寺
号昌伝庵与申候
御先祖誰様御代寺領御寄附被成下候哉否之儀相知不申候
勿論
御先代之御黒印も無御座候
忠宗様并
御当代被下候　御黒印ハ所持仕候ニ付左ニ書上申候
知行高二貫七百文之所
忠宗様御代寛永廿一年八月十四日ニ被成下候
御黒印御座候、附、冨塚内蔵丞・奥山大学・山口内記・
和田因幡加判之別紙目録有之候
御当代寛文元年十一月十六日ニ被成下候　御黒印御座候、
附、奥山大学・鴇田次右衛門・和田織部・木村久馬・内
馬場蔵人加判之別紙目録有之候、以上
延宝八年四月十一日

仏眼寺

一　当寺元本之在寺者伊達ニ而御座候、于今佐々木村与申所ニ
仏眼寺与申寺有之候、唯今者禅宗居住之由承及候
御先祖誰様御代御座候哉伊達御領之時分為心蓮院泥蟠観音
堂後与申所に而三千五百苅之所御寄附有之由申伝候
政宗公当国被遊御領岩出山　御在城之時者岩出山蛭川与申
所ニ仏眼寺被相立候、寺領も相付候由承及候、貫高ハ知不
申候、其後高弐貫五百六拾八文
忠宗公御代寛永廿一甲申年八月十四日に右高弐貫五百六拾
八文之所当寺住持日鐃代ニ以　御黒印被遊御寄附之候
御当代も右之通　御黒印頂戴仕候、以上
延宝八年四月九日

満勝寺

一　当寺者仏知禅師開山
常陸介宗村君御位牌所也、御知行高弐貫五百弐拾文被下置
候、右御寺領始而御寄附被成置候　御時代并其節之住僧
誰御座候哉不存候、従
貞山公御代以来者相知申候、住僧ハ従拙僧四世以前以来者
相知申候、自其以前者不分明候、且又切添新田等領地不
仕候、以上
延宝八年四月五日

阿弥陀寺

一　時宗遊行門下阿弥陀寺儀建治三年之比一遍上人建立、伊
達　御時代西山ニ在寺仕候節
御先祖誰様御時代先寺何之代ニ御座候哉、承久二年二月日
僧宗実与彫付之御座候弥陀木仏之本尊従
御先祖様被下置御崇敬被遊候由右本尊所持仕候、於伊達も
御寺領被相附由御座候得共貫高等者不承伝候
稙宗様御代御子四郎様御廟所之御寺与申伝候得共　御位牌
も無之断絶仕候、併右之旨趣を以桑折点了伯父桑折彦十
郎衣躰暫阿弥陀寺住持被　仰付、其後還俗　御家御一族
飯田之名跡被　仰付之由申伝候
貞山様仙台　御移之時分伊達ゟ住持何代目御座候哉弟子右
拝領之本尊持参罷越老僧病死御供不仕候段遺言之趣申上
候処、岩出山御時代不罷越遅参之由被
仰出候処、従
東御館様伊達　御位牌所之御所縁被
仰分を以　御日見相済当寺屋敷拝領御知行二貫文
貞山様より御寄進被成下之旨屋代勘解由を以被下置之由年
月ハ相知不申候、当寺前之三代住持覚阿御年頭毎年御呼
懸ニ而申納候処、従
貞山様遠藤式部を以被　仰下候ハ
御先祖様於伊達毎年正月十日阿弥陀寺江被為　成候御例被
思召候付着座御免被成下之由ニ而拙僧迄着座仕候得共、
先寺死後ニ当寺江罷越候故委細不承置、数代住持之位牌等
も紛失
御先祖様御由来も詳承知不仕承伝を以如此申上候、右御知
行御検地出目廿二貫四百九十四文寛永二十一年八月十四
日
義山様御黒印拝受、寛文元年十一月十六日
大守様御黒印何も御割屋江罷出奉頂戴候由、拙僧儀寛文二
年九月従遊行当寺江冨塚内蔵丞を以住持被　仰付
大守様御入国之割（刻）何も並
御目見仕候、以上
延宝八年六月九日

国分小岳村 大満寺

一 小岳村大満寺江被下置候御知行高二貫四百五文
義山公御代寛永十六年故古内主膳を以三代目住持岩林代右
主膳先祖廟所之由被為聞被下置候由大満寺記ニ御座候
義山公御黒印寛永廿一年ニ頂戴所持仕候
御当代御黒印寛文元年頂戴所持仕候、以上
延宝八年四月廿六日

遍照寺

一 遍照寺江寺領附被下候儀米沢之内下永井(マヽ)庄宮之遍照寺与
申候而元祖時代分明成書者相見不申候得共、三百四五拾
年計ニも罷成由申伝候、遍照寺住持之内ニ者宥日与申僧世
間ニ無隠僧御座候而、此僧永亨(享)年中之僧に而二百五十年
計ニ罷成申候、右之僧宮之法印共申候、米沢御時代之
御先祖様ニ者従
稙宗様天文七年四月六日被下置候
御直書之御判物御座候、其書於六供門前等非道之働有之
者御下知可被相加由相見申候、其以後従
輝宗様永録(マヽ)十一年四月廿日被下置候
御直書之御判物寺領之高者相見不申候得共、六供門前寺
領等先規ニ不可相更旨相見申候、如此ニ御座候而
御先祖様何之御時代ニ寺領新附被成下候も高之儀も住持誰
代ニ申請候も相知不申候
貞山様御代従米沢岩出山江被相移岩出山ニ于今遍照寺屋敷
与申旧跡御座候、其後
貞山様仙台江御移城之砌従岩出山仙台山岸右近屋敷江御移
被下、其以後茂庭了庵取次ニ而摂津守殿御屋形共を被下、
只今之屋敷江客殿・台所・茶之間・門迄被立下候、
義山様御代古ゟ御座候処之寺領御黒印計直被下置候哉又新
ニ誰を以被下候哉、何年何月幾日誰之御申次に而御寄附
被遊候も相知不申候、寛永廿一年四月十四日寺領高二貫
四百文之所 御黒印頂戴仕候、従
当屋形様寛文元年霜月十六日右高之通 御黒印被下置候、
以上
延宝八年四月十日

国分寺学頭

一 国分寺学頭領事
貞山様御代慶長年中薬師堂被遊御再興候節、従拙僧六代以
前之学頭住持宥海法印時代ニ御知行高二貫文被下置候由
御座候、併其節之 御黒印所持不仕候、勿論御申次衆誰
与申儀も相知不申候
義山様御代御竿弐割出目を以二貫四百文ニ被成置、於宮城
郡国分小泉村被下置候
義山様・当屋形様御黒印読経祈念掃除勤行不可有怠慢旨被

相記両通頂戴所持仕候由緒書等も可有御座処、廿ケ年計以前学頭火事之砌焼失仕由ニ御座候、以上

延宝八年六月十五日

国分寺別当

一　当山国分寺薬師堂由来
仁(人)王四十五代聖武天皇為勅願寺天平九丁丑年御建立也、当別当開山仏性坊行基菩薩脇坊十一坊被相立於于今毎年三月御神事ニ十一坊并白山拝殿之役人五人別当江集会相勤之、勿論行基菩薩御作之龍王面并午(マヽ)王之板判所持仕候
貞山公御代慶長年中薬師堂被遊御修造拙僧より七代先之別当実永儀ハ
貞山公米沢より被遊　御移候節御供仕候由承伝候、別当住持ニ被　仰付寺領弐貫文御寄附被下置候、誰を以拝領仕候哉御申次年号相知不申候、右住持代より段々引続相定御祈禱無懈怠相勤御神事諸道具一宇御祭礼牒拙僧預置衆徒中江諸色申渡事御座候
義山公御代御竿被相入節ニ割出目四百文被下置候、右取合弐貫四百文被成下候、寛永廿一年八月十四日之御日付之
御黒印并
御当代寛文元年十一月十六日御日付　御黒印奉頂戴所持仕候、衆徒中廿二坊其外祭田灯明料・鐘撞料右之御黒印者学頭別当院主名付に而被下置候、拙僧依為別当預置申候、右品々三坊連判を以別紙書上仕候間右ニ相載不申候、以上

延宝八年六月八日

天神別当
光善院

一天神御社領品々覚先祖光明院代ニ
貞山様仙台　御城御取立被遊候砌
天神御社山にて杉槻之大木百本余被為伐御用木被成置候付、慶長十三年本代五百文之所御寄附被成置　御黒印被下置候由承伝候、然処寛永廿一年　御黒印被召上、奥山出羽・鈴木和泉両人之御下書所持仕候、寛永二十一年御竿入之砌ニ割増之御竿出目本代百文御加増六百文被成置
御黒印被下置、冨塚内蔵丞・奥山大学両人御下書共所持仕候
綱宗様
天神御社改御建立被成置候ニ付、古内志摩御申次を以寛文七年本代壱貫四百文御加増被成置都合高弐貫文被遊御寄附
御黒印被下置、柴田外記・古内志摩両人之御下書共所持仕候
天神御宮御建立被成置、其上御社領被遊御寄附候間、御祭礼仕度由願書物差上申上候得者原田甲斐被　仰付、寛文八年より玄米三石宛請取申御祭礼相務申候、寛文十二年

柴田中務御申次を以定御祭礼被成置古内志摩御書付所持
仕候、以上
延宝八年四月十六日

古内村
護国寺

一 当寺承応年中古内伊賀取立申由ニ候、寺領之儀延宝三年
二月依古内左門願、柴田中務・小梁川修理・大條監物御
取次に而左門知行高之内二貫文大安住持之時分被附下
候、其外替品無御座候、以上
延宝八年四月廿一日

法性院

一 藤田但馬娘法性院尼当地松島江正保四年ニ罷越雲居和尚
師ニ頼入比丘尼之望有之品々
義山様江従雲居和尚御披露之上山口内記・真山越中御両使
を以法性院存念被相尋出家之儀御免許、其上御知行二十
貫文寺場まて被下置号法性院、延宝五年まて三十余年致
拝領同三月五日死去仕ニ付右御知行差上申候処、黒木上
野方ゟ彼寺相続仕度願之段
大守様御耳被相達御知行二貫文附被下之旨由跡難有御書付
延宝七年十月十三日御奉行衆御名元を以被　仰渡拝領仕
候、以上
延宝八年四月廿二日

大林寺

一 大林寺者輪王寺五代源庵開山ニ而元来羽州米沢鮎貝村相
立候処、岩出山江御所替被遊候砌御供仕此御地ニ相立候由
申伝候、右開山源庵
積宗様御前様泰心院殿怡稠妙悦大姉御引導被申候、依之右
御位牌相立代々仏供勤行無怠慢相勤申候、寺領高壱貫九
百八十四文被成下候、右之寺領
誰様御代如何様之品に而住持何之代尤誰之御申次に而御座
候哉相知不申候、大林寺儀正保四年春炎焼仕候時分古記
録焼失仕候、勿論住持数度移替申候故分明相知不申候
義山様御黒印寛永廿一年甲申八月十四日頂戴仕候、其節冨
塚内蔵丞・奥山大学・山口内記・和田因幡副目録御座候
当屋形様御黒印寛文元年辛丑十一月十六日頂戴仕候、其節
奥山大学・鴇田次右衛門・和田織部・木村久馬・内馬場
蔵人副目録慥所持仕候、且又御加増并新田切副少も無御
座候、以上
延宝八年四月廿三日

平泉中尊寺
院主

一 貞山様御代弐貫三拾九文住持覚翁代ニ大町駿河・永沼作左
衛門両人御申次に而依為古跡被遊御寄附由、以後寛永十
八年之御検地之砌四百文出目合弐貫四百三十九文ニ罷
成、且又明暦元年七月八日ニ

義山様中尊寺江　御下向被成置候節、住持覚宥代ニ為御加増
壱貫六拾壱文被遊御寄附都合三貫五百文ニ罷成候、但古
内主膳御申次之由ニ御座候、以上
延宝八年八月十一日
平泉中尊寺光堂別当　竹下坊
同経蔵別当　西谷坊

一　当山者
堀川院・鳥羽院御両代之　勅願所ニ御座候段、供養之文就鐘
銘御座候、其節清衡代両別当元祖自在坊蓮光金銀泥一切
経依奉書写西岩井郡骨寺村四至境之内寺領被遊御寄附経
蔵別当職被　仰付候、其以後
頼朝卿御代弥右境内被遊御寄附候、親重御判物御座候、右
東鑑第九巻当山建立之次第仏像・経巻・堂塔・寺坊等訖（迄）
委細御座候、其後鎌倉殿御代々御寄附、文永九年御下知
状相見申候、同北条家平貞時・宣時之御判物御座候、北
畠中納言顕家卿寺領其外御掟御判物等迄御座候、若狭守
行重之御判形・平忠泰之御判物・前越前守親重御判形・
清家之御判形等御座候而葛西殿代々右之寺領無相違附来
候処、乱国之刻右之寺領相離申候、到
貞山様御代米沢より岩出山江被為入、則光堂別当頼意・経蔵
別当蓮興両人岩出山江祗候仕茂庭石見頼入、右之品々御
訴訟申上候得者、両別当御知行被遊御寄附候

義山様御代高壱貫九百六拾八文光堂別当頼雅、同壱貫六百
九拾壱文経蔵別当蓮意代
御黒印并御家老衆添目録壱通寛永廿一年甲申八月十四日
冨田四郎兵衛を以被下候、則経蔵江奉納仕候、以上
延宝八年八月十一日
保寿寺

一　当寺者国分能登守宗政より相続伊達彦九郎盛重迄大檀那
之由申伝候、其節ハ国分之内中目ニ保寿寺相立申候、其以
後
貞山様仙台御移之時分　御城下江取移申候、寺領御寄附被
成下候得共如何様之品ニ而誰を以拝領仕候哉、住持移替
年来久事御座候得者実正存知不申候
義山様御代頂戴仕候　御黒印ニ寺領高壱貫四百九拾文
寛永廿一年八月十四日之目録別紙有之、冨塚内蔵允・奥
山大学・山口内記・和田因幡右四人之名付御座候、勿論
当屋形様御代御黒印寛文元年十一月十六日別紙目録奥山大
学・鴇田次右衛門・和田織部・木村久馬・内馬場蔵人右
五人之名付御座候御黒印二通共所持仕候外御加増新田切
添無御座候、以上
延宝八年四月廿二日

国分根白石村 満興寺

一貞山公根白石村満興寺御仮屋被成置付、上郡山内匠御申次ニ而寺領壱貫拾文之所先寺十一代光達長老代被下候、久儀御座候故年月相知不申候、惣御検地之節二割出目に而壱貫二百拾文被成下、寛永二十一年八月十四日
義山様御黒印頂戴所持仕候、
御当代右壱貫二百十文之地被下置由寛文元年十一月十六日
御黒印頂戴所持仕候、以上
延宝八年四月十一日

八幡寺

一大崎遠田八幡寺江寺領被附下候儀八幡寺住持拙僧四代前空厳与申僧住居之刻野谷地年々切起申候を寛永十九年御検地之刻仙台龍宝寺十四代祖実雄を頼入、
義山様御代従龍宝寺田中勘左衛門を以願申上候得者無御相違被附下候、何月幾日共慥成覚無御座候、遠田郡大峯村壱貫五十四文同郡八幡村百四十六文弐口合壱貫弐百文之所正保三年六月廿三日従
義山様御黒印頂戴仕候、其後之住持覚善与申代寛文元年十一月十六日従
当屋形様右高之通　御黒印被下置候、以上
延宝八年四月十日

江岩寺

一江岩寺者　竹松様御菩提所御座候、元和元年三月十八日被遊御遠行輪王寺先住鱗庵御引導被申、奉号江岩恵春大禅定門、則御葬礼場寺被相立、右鱗庵開山ニ而号江岩寺与申候、其節如何様之品に而寺領不被下置候哉、寛永十九年従
陽徳院様義山様江被　仰上候付、寺領九百二十八文之所御寄附被成下候、其節之住持光伝御申次古内主膳御座候由申伝候、寛永二十一年八月十四日
義山様御黒印被成下候、冨塚内蔵允・奥山大学・山口内記・和田因幡右四人知行目録御座候、右寺領高無御相違寛文元年十一月十六日従
当屋形様御黒印被下置候、御申次奥山大学・鴇田次右衛門・和田織部・木村久馬・内馬場蔵人右五人寺領目録御座候、
此外新田切添無御座候、以上
延宝八年四月廿五日

栗原三迫岩ヶ崎村 円鏡寺

一栗原郡三之迫岩ヶ崎村摂取山円鏡寺寺領御寄附被遊候品、円鏡寺本尊春日之御作之阿弥陀知行高本竿七百五十文之所為御寄進伊達摂津守殿岩ヶ崎御在所被成候節、元和二年円鏡寺御建立被成、右本尊霊仏御座候付而為仏供料従　公儀当時九代以前良恩住持之節茂庭石見取持ニ而

元和七年三月大町駿河書付を以、右高之通三迫中野村ニ而為手作分被下置候、其以後寛永三年六月高七百七拾三文大町駿河書付ニ而被下置候、寛永廿一年八月
忠宗様御代良芸住持之節高九百十三文被成下、御黒印并御目録共頂載仕候
御当代寛文元年十一月宝山住持之砌右高之御黒印御目録共ニ頂載仕、両通共致所持年々物成所務仕罷在候、以上

延宝八年四月十五日

根白石村
宝積寺

一 根白石村宝積寺江被下候寺領先年
杉目御前様従信夫根白石村江御移被成候節御供仕候、同村杉下屋敷拝領仕罷在候、同所に而寺在家与申所三百六十四文二人扶持方分ニ
貞山様御代当時開山正芸長老代元和三年四月廿一日山岡志摩御申次に而被下置候、右志摩書付所持仕候
貞山様御代同村に而高七百十八文之所当寺二代目天祝長老代被下候、何之品御座候哉御申次年月ともに相知不申候、惣御検地之時分二割出目に而八百九拾七文被成下、寛永廿一年八月十四日
義山様御黒印頂載所持仕候
御当代寛文元年十一月十六日右八百九十七文之地被下置御黒印頂載所持仕候、以上

延宝八年四月十一日

三ノ迫
黄金寺

一 栗原郡三ノ迫岩ケ崎村熊野山黄金寺寺領被相付候品々知行高本竿七百五十文之所為御寄進、摂津守殿御死去ニ付御位牌所ニ可被成置与茂庭石見御取持ニ而従
公儀当寺八代目寿金住持之節元和七年三月大町駿河書付為手作分拝領仕候、然処摂津守殿於仙台御遠行被成松音寺に而御葬礼被成置候、其以後筑前殿御領地罷成引続御位牌所ニ被 仰付御母子共御遠行黄金寺ニ而御葬礼相済只今迄御位牌相守申候、御竿之節二割出罷成八百九拾文之所
義山様・当屋形様御両所様御黒印弐通并別紙御目録共被下置所持仕候、右之通伝承候付而書上如此御座候、以上

延宝八年四月十六日

三ノ迫
清水寺

一 栗原郡三ノ迫之内岩ケ崎清水寺寺領被相附候品々清水寺本尊千手観音知行高七百五十文之所摂津守殿御知行所ニ付、元和七年三月茂庭石見御取持に而従
公儀従愚僧代八代以前頼誉住持之節為観音仏供領被相附候、寛永廿一年二割出共高八百九拾文之所
義山様当屋形様御黒印被下置弐通所持仕候、以上

延宝八年四月十三日

本吉郡荒戸浜滝之不動別当
和光院

一　本吉郡荒戸浜滝之大日不動縁起無御座候故、何時之開闢に御座候哉相知不申候、不動木像御長一尺五寸秘仏ニ御座候、文覚上人修仏之由申伝候、御寄進被相附候品右不動山ニ有之、杉弐拾五本仙台大橋御材木ニ慶長十四年八月川嶋豊前を以被　仰付代壱貫文被相納、右杉為御伐被成海上被相廻候処、右杉二十五本之内太郎坊・次郎坊与申杉弐本閖上沖海底ニ沈御用立不申

貞山様御夢被為成　御譼(マヽ)品御座候由に而、三代以前別当成就院代八百五拾四文之所同年九月被遊御寄附　御黒印被下置由右御申次ハ相知不申候、同十六年六月上遠野勘右衛門与申衆御奉行被　仰付右不動堂御建立被成置候、右御黒印慶長十六年十月廿八日大津浪流失申ニ付、寛永十六年六月笹町七郎右衛門を以願書物差上申

義山様御代御黒印被下置候

御当代御黒印寛文元年十一月奉頂戴右両通所持仕候、以上

延宝八年六月八日

登米鱒渕村
花足寺

一　登米郡鱒淵村花足寺観音奥州七所之旧跡御座候、残六ケ所佐沼之大嶽・遠田之篦之嶽・三迫小迫・南郡之一蓮・登米之長谷・湊之牧山如此御座候、当山者毎年九月十九日御祭礼御座候処

綱宗公御代明暦(マヽ)元年先住持堯音代ニ同村之者共地付之谷地開発御寄進被成下度旨、其節之御代官福地久右衛門・佐賀助兵衛を以御郡司小川八郎左衛門江申上候処、御披露之上田代七百七十三文観音寄進被為附候旨

御当代寛文元年十一月十六日奥山大学・内馬場蔵人・木村久馬・和田織部・鴇田次右衛門御書付被下置御黒印頂戴仕候、以上

延宝八年五月十三日

登米大泉村
長承寺

一　登米郡大泉村千手観音古跡ニ御座候而先年より九月十七日御祭礼御座候

綱宗様御代万治三年先住持大寂長老同村之者共地付之谷地開発御寄進ニ被成下度旨、其節之御代官福地久右衛門・佐賀助兵衛を以御郡司小川八郎左衛門江申上候処ニ御披露之上田代五百八文観音御寄進ニ被相附旨

御当代寛文元年奥山大学・内馬場蔵人・木村久馬・和田織部・鴇田次右衛門御書付被下置

御黒印頂戴仕候、以上

延宝八年五月三日

円福寺

一　円福寺本尊者観音ニ御座候、此観音由緒有之候由申伝候得共、実儀其証拠無之候故具申上兼候、若此本尊観音付而可被遊御寄附与奉存候

御先祖誰様御代住持誰之代与申儀も相知不申候故書上不申候、知行高三百七十五文之所

忠宗様御代寛永廿一年八月十四日被成下候

御黒印御座候付冨塚内蔵允・奥山大学・山口内記・和田因幡加判之別紙目録有之候

御当代寛文元年十一月十六日被成下候　御黒印御座候付奥山大学・鴇田次右衛門・和田織部・木村久馬・内馬場蔵人加判之別紙目録有之候、以上

延宝八年四月十七日

宮戸浜薬師別当
医王寺

一　当寺開山者誰共相知不申候

貞山様薬師堂江被為　成候節寺領三百文之所御寄附被遊之由承伝候、其時之住持者拙僧より四代以前長尊与申僧ニ御座候、年号御申次衆不及承候、其後

義山様御代寛永廿一年惣御検地之砌二割出目を以三百六拾文之高被成下候

御同代御黒印ハ先住有識頂戴仕候

当屋形様御黒印ハ拙僧奉頂戴右両通共所持仕候、拙僧儀ハ慶安三年極月山口内記時之御郡司冨田四郎兵衛を以住持可仕之旨被申渡候、以上

延宝八年四月廿五日

白鳥明神別当
光明院

一　名取深沢大鷹白鳥明神先年ハ御本丸被為立候処

貞山様御代御本丸御取立被成置候時分右深沢江丹野善右衛門祖父代引移立置申候、右明神社亀相ニ御座候付、寛永廿年右善右衛門代造営被仕候得共別当無御座候付、拙者親光明院右善右衛門知行所岡田村ニ罷在候間正保三年別当仕付（マヽ）申候、右善右衛門知行宮城之内岡田村新田起目三百三十文之所白鳥明神江神領ニ被附下度由、万治三年右善右衛門願指上申処、願之通神領ニ被附下之由奥山大学を以親光明院ニ被　仰渡　御黒印頂戴仕候、然処親光明院寛文九年病死仕候、引続同年ニ無御相違拙者被下置之由古内志摩を以被仰渡候

当大守様江も　御目見迄被　仰付候、以上

延宝八年六月廿八日

慶昌院

一　当寺開山霊庵和尚伊達郡杉目与申所慶昌院相立申候

杉目御前様御取立之由御座候、右

名取茂庭生出森八幡禰宜
光命院
同　大蔵坊
同　蓮花坊

一　名取郡茂庭村生出森
八幡御寄進之儀先年茂庭利兵衛知行之時分壱貫六百文利兵衛方より寄進相附申候由承伝候、然処右利兵衛知行御蔵入罷成候付、御郡奉行村田吉助江拙者親光命院其段申達候得者御披露之上、百弐拾文之所奥山大学を以被下置候、年月ハ承知不仕候、
寛永廿一年八月十四日
義山様御黒印奉頂戴
御当代罷成右之地方百弐拾文被下置旨、寛文元年十一月十六日ニ　御黒印奉頂戴、引続毎年四月廿日御祭礼相勤申候、以上
延宝八年六月廿七日

編著者紹介

相原 陽三（あいはら ようぞう）

昭和８年（1933）仙台市生まれ。

『仙台藩家臣録』全５巻を佐々 久先生とともに編集。

元　仙台市立川平小学校校長

　　仙台市史編さん室嘱託

　　仙台郷土研究会理事

　　宮城歴史教育研究会員

元禄補遺 仙台藩家臣録 第六巻
付・寺社領御寄附御牒

１９９５年10月１日　初刷発行
２０１８年12月７日　第二刷発行

定　価――（全六巻揃）本体２５、０００円＋税
編著者――相原陽三
発行者――斎藤　勝己
発行所――株式会社東洋書院
〒１６０－０００３　東京都新宿区四谷本塩町15－８－８F
電　話　０３－３３５３－７５７９
ＦＡＸ　０３－３３５８－７４５８
http://www.toyoshoin.com
印刷所――株式会社平河工業社
製本所――株式会社難波製本

ISBN978－4－88594－524－3